FISCHER

TEDBooks

Marc Kushner ist Architekt. Er arbeitet als Baudesigner für das Architekturbüro HWKN, dessen Mitbegründer er ist, und sammelt nebenher weltweit Bauwerke für seine Webseite Architizer.com. Mit beiden Projekten verfolgt er die gleiche Mission: den Wiederaufbau einer Beziehung zwischen Mensch und Architektur.

Kushners zentrale Überzeugung lautet, dass Architektur jeden Menschen berührt – und jeder ein Fan von Architektur ist –, auch wenn ihm das noch nicht bewusst ist. Moderne Medien versetzen uns in die Lage, unsere gebaute Umwelt zu gestalten. Und das bedeutet bessere Bauwerke, bessere Städte und somit auch eine bessere Welt.

Ein Pavillon aus Papier, eine aufblasbare Konzerthalle, ein Forschungslabor, das durch den Schnee laufen kann – von den Gebäuden von morgen wird mehr verlangt. Marc Kushner hat 100 innovative Gebäude auf der ganzen Welt ausgewählt, um sie uns in Bild und Text vorzustellen. Eine faszinierende Reise durch die Architektur der Zukunft.

Marc Kushner

Die Zukunft der Architektur in 100 Bauwerken

Aus dem Englischen
von Martina Wiese

TED Books

Erschienen bei FISCHER Taschenbuch
Frankfurt am Main, Februar 2016

Die amerikanische Originalausgabe erschien 2015 unter dem Titel:
»The Future of Architecture in 100 Buildings«
im Verlag Simon & Schuster, Inc., New York
© 2015 by Marc Kushner

Für die deutsche Ausgabe:
© 2015 S. Fischer Verlag GmbH, Hedderichstr. 114,
D-60596 Frankfurt am Main

Satz: Dörlemann Satz, Lemförde
Druck und Bindung: CPI books, GmbH, Leck
Printed in Germany
ISBN 978-3-596-03389-8

Inhalt

Die Auswahl der Gebäude	10
Einleitung	11
Extreme Lage	15
Neuerfindung	29
Gute Besserung	47
POP-UP	58
Gestaltwandler	65
DRIVE	92
Mit Natur bauen	99
Schutz vor dem Unwetter	113
GESCHRUMPFT	126
Soziale Katalysatoren	133
Zukunftsmusik	153
Fotonachweis	172
Dank	174

Extreme Lage

17 18 18 21 22

23 25 25 26 27

Neuerfindung

30 31 32 32

35 37 37 38 38 41

Gute Besserung

42 43 45 49 50 51

52 54 55 57 57

POP-UP

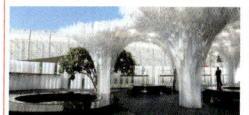

58

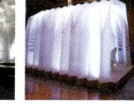

60

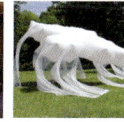

60

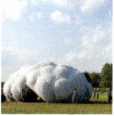

61

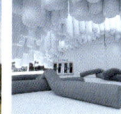

62

Gestaltwandler

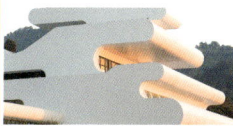

66

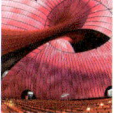

68

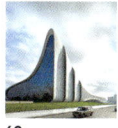

69

70

72

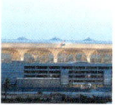

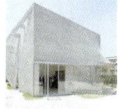

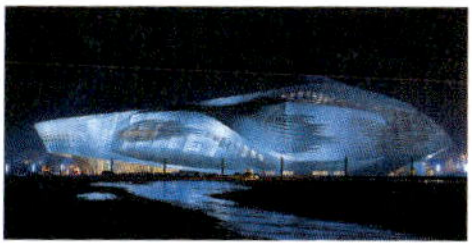
72

74

76

77

78

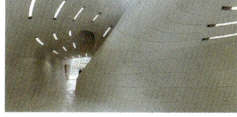

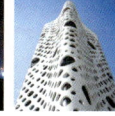

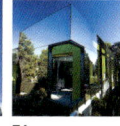

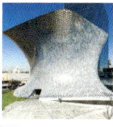

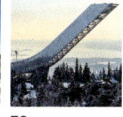

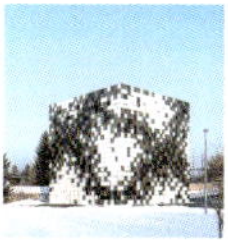
80

81

83

83

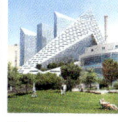

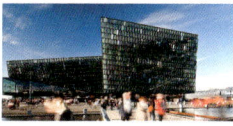

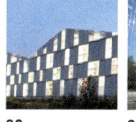

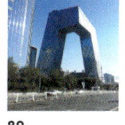

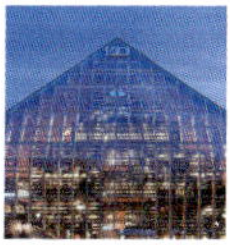
84

85

86

88

89

91

91

DRIVE

92

94

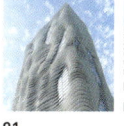

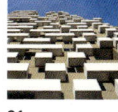

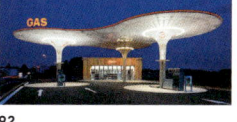

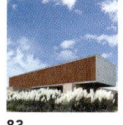

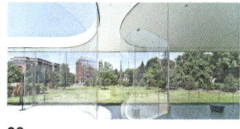

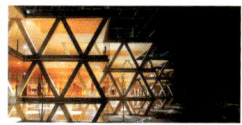

 94
 95
 96

Mit Natur bauen

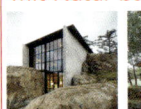 101
 101

 103
 104
103 104 105
 106
 108

Schutz vor dem Unwetter

 109
 111
 111
 114
 116

 117 119
 120
 123
 123

GESCHRUMPFT

124
 126
 128
 128
 129

Soziale Katalysatoren

 130
 131
 134
 135
 137
 137

138

140

140

142

143

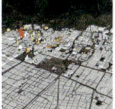
144

145

146

147

149

Zukunftsmusik

149

151

151

155

155

156

157

158

158

161

162

163

164

164

166

169

Die Auswahl der Gebäude

Die über 100 Projekte, die wir für dieses Buch ausgewählt haben, sind eine unwissenschaftliche und rein subjektive Sammlung der interessantesten und maßgeblichsten Arbeiten aus dem Bereich der Architektur. Sie repräsentieren alle Kontinente und zahlreiche Gebäudetypen. Sie sind groß und klein, Entwürfe und Realität. Sie wurden aus über 5000 Einträgen in der Liste der Architizer A+ Awards herausgefiltert, ergänzt durch fundierte Forschungsbeiträge, Gespräche und persönliche Erfahrungen.

Einleitung

Dieses Buch möchte erreichen, dass Sie von Architektur mehr erwarten als bisher.

Sie wohnen in einem Haus, Sie arbeiten in einem Büro, Sie schicken Ihre Kinder auf eine Schule. Diese Orte bilden nicht einfach nur die Kulisse für Ihr Leben – sie gestalten es. Sie bestimmen, wen Sie sehen, was Sie sehen und wie Sie es sehen.

Die Architektur beeinflusst täglich, wie wir uns fühlen; das ist nicht weiter erstaunlich, wenn wir uns vor Augen führen, wie viel Zeit wir in Gebäuden verbringen. So halten sich US-Amerikaner durchschnittlich 90 Prozent ihrer Lebenszeit in geschlossenen Räumen auf. Dessen ungeachtet verwehren uns zahllose Gebäude den Einfall von natürlichem Licht, schirmen uns unter niedrigen Zimmerdecken ab und ignorieren unsere persönlichen, sozialen und ökologischen Bedürfnisse.

Aber das muss nicht so sein. Wir können diese machtvollen Einflüsse in ihre Schranken weisen – indem wir ganz einfach größere Ansprüche an unsere Gebäude stellen.

Diese architektonische Revolution hat uns bereits ereilt – der Durchschnittsbürger macht sich mehr Gedanken um Architektur als jemals zuvor. Das ist vor allem auf den Meinungsaustausch über die sozialen Medien zurückzuführen. Dank den 1,75 Milliarden Smartphones auf der Welt wandelt sich die Wahrnehmung von Architektur grundlegend, denn mit einem Mal ist jeder ein Architekturfotograf. In den sozialen Medien geteilte Bilder lösen die Bindung von Gebäuden an ihre geographische Lage auf und schaffen so eine neue Ebene öffentlicher Anteilnahme. Heutzutage erleben wir Architektur so unmittelbar wie nie zuvor, was die globale Diskussion über Gebäude und ihren Einfluss stets in Gang hält.

Diese kommunikative Revolution bewirkt, dass wir uns alle zu Kritikern unserer bebauten Umgebung berufen fühlen, auch wenn diese Kritik nichts weiter beinhaltet als »OMG, ich liebe es!« oder »Hier ist es mir nicht geheuer«. Dieses Feedback entzieht Architektur dem alleinigen Einfluss von Experten und professionellen Kritikern und verleiht den maßgeblichen Personen – den täglichen Nutzern – ein Mitspracherecht. Heutzutage werden Bauwerke lauthals »gelikt« oder mit Verachtung gestraft. Die Architekten vernehmen unsere Reaktion in Echtzeit, was sie in die Lage versetzt (und zuweilen sogar gezwungen) hat, neue Ideen zu entwickeln und Lösungen zu schaffen, die Antworten auf die drängendsten sozialen und umweltpolitischen Fragen der heutigen Zeit geben.

In dieser neuen Welt, in der die Menschen mehr von ihren Gebäuden erwarten, sind Architekten zu keiner Zeit mehr an irgendeinen Stil gebunden. Wir wollen nicht, dass unsere Stadtbücherei in Lübeck so aussieht wie die Stadtbücherei zu Großmutters Zeiten in Baden-Württemberg. Selbst Architekturhistoriker sind nicht mehr auf der Höhe der Ereignisse, da sich alles so rasant verändert. Ja, sie werden nie wieder auf der Höhe der

Ereignisse sein, weil die Zukunft der Architektur ein wilder Wirbelwind aus Experimenten und der Neubewertung altgedienter Gewohnheiten sein wird.

Das vorliegende Buch betrachtet die Öffentlichkeit als Partner, was architektonische Fragen angeht. Diese Fragen, die sich an Gebäude und Architekten richten, werden eine neue Zukunft gestalten – eine Zukunft, die sich von der Welt, wie wir sie heute kennen, grundlegend unterscheidet. Einige der in diesem Buch gestellten Fragen kommen Ihnen möglicherweise albern vor. Würden Sie Ihr Haus von einer Kuh bauen lassen? Kann man in Fäkalien schwimmen? Können wir auf dem Mond leben? Doch ebenso war es noch vor 200 Jahren abenteuerlich zu fragen: Werde ich über den Wolken leben? Brauche ich im Sommer einen Pullover? Nun, da Aufzüge und Klimaanlagen es uns ermöglichen, gleichsam im Himmel zu wohnen und in einer Hitzewelle zu frieren, ist es an der Zeit, komplexere, phantasievollere Fragen zu stellen.

Mit ihrem Fachwissen können Architekten Gebäude entwerfen, die grüner, ausgeklügelter und freundlicher sind, und bei diesem ehrgeizigen Projekt steht ihnen die Öffentlichkeit nun als Partner zur Seite. Die folgenden 100 Beispiele dienen als Leitfaden dafür, welche Ansprüche Sie und ich und die ganze Welt an gute Architektur stellen dürfen.

Extreme Lage

Mit dem typisch menschlichen Drang, Orte in extremer Lage zu erforschen und dort zu bauen, verbindet sich die zentrale Frage nach dem Wie. Wie können Wissenschaftler, die sich am Nordpol niederlassen, überleben? Wie finden Naturforscher Zuflucht, die Rentiere in der norwegischen Tundra beobachten? Wie werden unsere Kinder leben, wenn sie dereinst auf dem Mars landen?

1 Können wir am unwirtlichsten Ort der Erde überleben?

Vergessen Sie den Weltraum – auch hier auf der Erde erkunden Wissenschaftler immer noch unbekanntes Terrain. Diese mobile Forschungsanlage steht auf dem Brunt-Schelfeis und gehört zur südlichsten Station in der Antarktis, die vom British Antarctic Survey betrieben wird. Die Anlage ruht auf riesigen skiähnlichen Stützen, hydraulischen Stelzen, mit deren Hilfe die Station nach heftigen Niederschlägen aus dem Schnee »klettern« kann. Wenn die Schelfeiskante bei wärmerem Wetter näher ans Meer heranrückt, lassen sich die Module absenken und auf Skiern an einen neuen Standort transportieren. Nachdem die Station neue Maßstäbe für die Erforschung des Klimawandels in den Polarregionen gesetzt hat, sorgt ihr an Raumschiffe erinnerndes Äußeres dafür, dass diesem bahnbrechenden Projekt wohlverdiente Aufmerksamkeit zuteilwird.

Forschungsstation Halley VI, Antarktis

Hugh Broughton Architects und Aecom, erbaut von Galliford Try für das British Antarctic Survey

Gutes Design sorgt für dein Überleben.

2. Wie sieht Architektur in über 3000 Metern Höhe aus?

Nur mit der Seilbahn erreichbar, liegt diese österreichische »Skihütte« 3440 m über dem Meeresspiegel. Ihr Design soll die visuelle und physikalische Kraft der sie umgebenden Natur widerspiegeln. Das Gebilde thront nahe dem Berggipfel und lässt die von der Natur geschaffenen einzigartigen »Bauwerke« aus Schnee und Eis ungehindert entstehen und vergehen. Zahlreiche Glasfenster bieten fast ein 360-Grad-Panorama, umrahmt von einer speziell angefertigten Dach- und Bodenkonstruktion, die den Elementen und großen Temperaturschwankungen trotzt.

Wildspitzbahn, Tirol, Österreich

Baumschlager Hutter Partners

Die Natur ist die Meisterin der Architektur.

3. Kann Architektur einen Pfad in die Wolken bahnen?

Diese Aussichtsplattformen schweben über der Trollstigen, einer Serpentinenstraße für Touristen, die sich an fast senkrechten Felswänden entlang ins Gebirge hochwindet, um schließlich einen spektakulären Pass zwischen Norwegens tiefen Fjorden zu erreichen. Man darf dort nur im Sommer die Aussicht genießen (und bauen), wenn das Wetter weniger unwirtlich ist, doch die Plattformen müssen das ganze Jahr über der Witterung standhalten. Unter der Anmut, mit der sich die Straße durch das tückische Terrain schlängelt, verbergen sich bemerkenswerte Widerstandsfähigkeit und eine sorgfältige Planung, um Norwegens rauen Elementen die Stirn bieten zu können.

Trollstigen, Nationale Touristenstraße Trollstigen, Norwegen

Reiulf Ramstad Arkitekter

Die beste Architektur lässt uns vergessen, welche Leistung sie vollbringen muss.

4 Was machen Rentiere den lieben langen Tag?

Ein Wanderweg führt zu einem atemberaubenden Platz mit Blick über die Dovrefjell-Gebirgskette in Zentralnorwegen, wo einige der letzten wildlebenden Rentierherden Europas beheimatet sind. Ein urwüchsiger Pavillon lädt Besucher ein, sich aufzuwärmen und dabei die in der Umgebung herumstreifenden Rentiere zu beobachten. Das Bauwerk ist ein Paradebeispiel für Materialkontraste – eine strenge Schale aus Rohstahl und Glas birgt einen weichgeschwungenen Holzkern, dessen Form den draußen liegenden Felsblöcken nachempfunden ist, die Wind und fließendes Wasser in Jahrhunderten modelliert haben.

Architektur belohnt die Abenteuerlustigen.

Tverrfjellhytta – Norwegisches Wildrentierzentrum Hjerkinn, Norwegen

Snøhetta

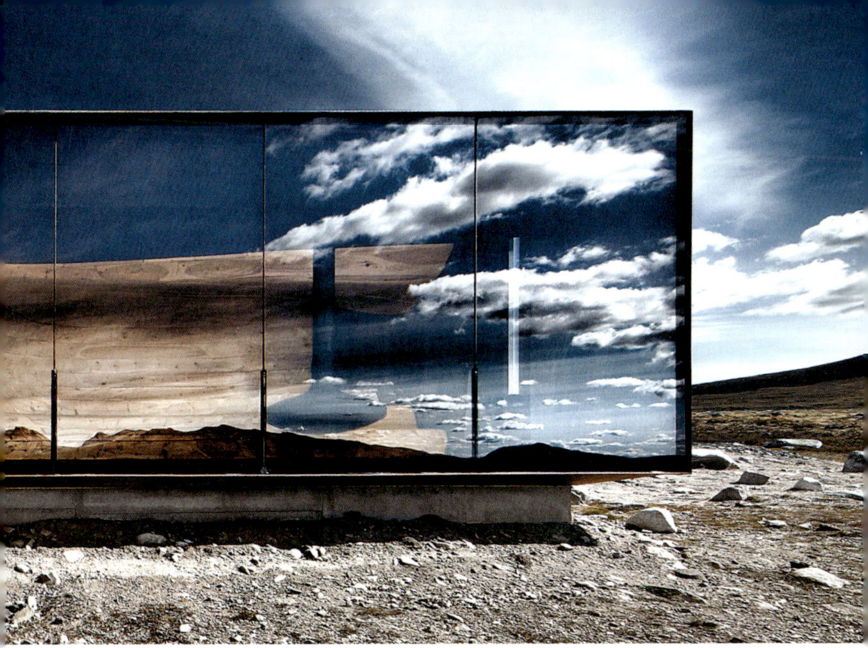

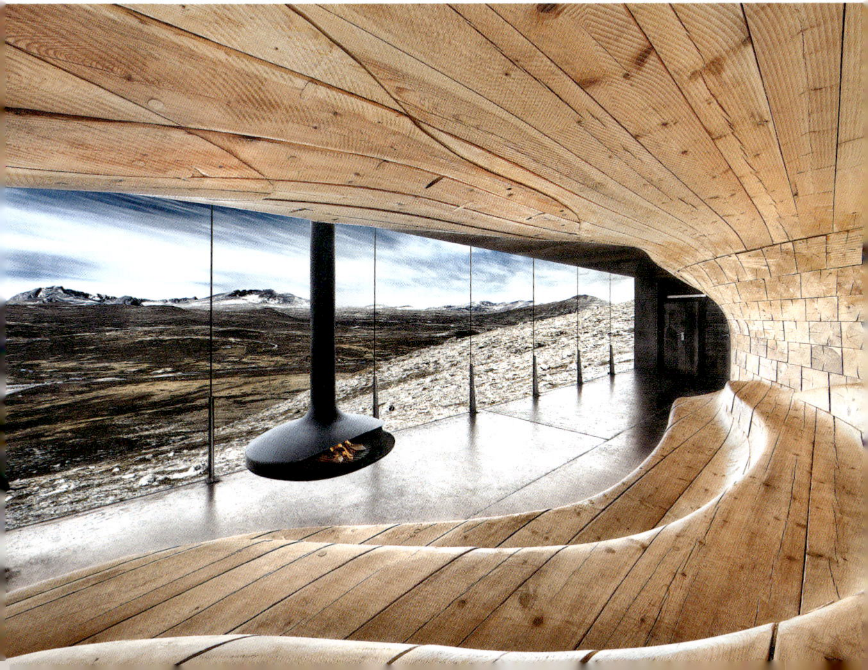

5 Kann moderne Architektur zum Pilgern inspirieren?

Die Ruta del Peregrino ist ein Pilgerpfad, der sich über 117 Kilometer durch eine Gebirgslandschaft in Jalisco windet. Jährlich begeben sich fast zwei Millionen Menschen zu Ehren der Heiligen Jungfrau von Talpa auf die beschwerliche Wanderung. Dieser Aussichtspunkt gehört zu neun Bauwerken, die als Landmarke und Unterschlupf für die Pilger dienen (und auch zufällig vorbeikommende Besucher anziehen). Wie eine Wippe in der Schwebe umrahmt er den Ausblick von einem der höchsten Punkte des Pfades und bietet eine Atempause von den Strapazen der Wanderung.

Architektur kann die Reise versüßen.

Ruta del Peregrino
Aussichtspunkt
Las Cruces
Jalisco, Mexiko

Elemental

6 Lässt sich unter dem Nordlicht träumen?

Dieses Luxushotel nutzt Islands außerirdisch anmutende Landschaft, um seinen Gästen eine Alltagsflucht in Reinkultur zu ermöglichen. Die Architekten wählten den Standort sehr sorgfältig – nach traditioneller Überlieferung darf man die in nahen Höhlen lebenden Elfen nicht stören. Ganz umweltgerecht machten die Architekten verschwenderischen Gebrauch von recycelten Materialien: Gummireifen wurden zu Waschbecken umfunktioniert und Lava zu Lampen. Heißes Wasser bezieht man aus einer nahezu unerschöpflichen und dennoch nachhaltigen 190-Grad-Quelle, die von einem Vulkan in der Nähe erhitzt wird. Und wenn die Nacht hereinbricht, bietet der Himmel ein unvergleichliches Schauspiel.

Architektur erschließt das Weltall auf unserem eigenen Planeten.

ION Luxury Adventure Hotel Thingvellir Nationalpark, Island

Minarc

7 Kann ein Gebäude auf Zehenspitzen stehen?

An diesem verlassenen Urlaubsort sollen die Gäste in ihren Hütten die Einsamkeit der Wüste schätzen lernen. Statt die 20 Quadratmeter großen EcoLoft-Hotelzimmer wie üblich auf den Erdboden zu setzen, ließen die Architekten sie auf dünnen Stahlstützen über dem Land schweben. In malerischer Anordnung sind sie wie die umliegenden Felsbrocken über das Areal verstreut.

Ökotourismus verlangt nach Ökoarchitektur.

Encuentro Guadalupe
Baja California, Mexiko

Gracia Studio

8 Kann ein Büro auf dem Wasser treiben?

Die Zentrale der Arctia Shipping GmbH ist ein schwimmendes Bürogebäude, dessen Design auf seine Nachbarn verweist: Eisbrecher, die vor dem Norduferi von Katajanokka vor Anker liegen und darauf warten, gegen die extrem niedrigen Temperaturen des Gebäudes zu Felde zu ziehen. Die horizontale Masse des Bauwerks und die maßgeschneiderten schwarzen Stahlfassaden imitieren die schwarzen Schiffsrümpfe, während das Interieur mit lackiertem Holz an Schiffsbautraditionen früherer Zeiten gemahnt.

Wenn Gebäude schwimmen können, warum dann nicht auch ganze Städte?

Arctia Shipping Zentrale
Helsinki, Finnland

K2S Architects

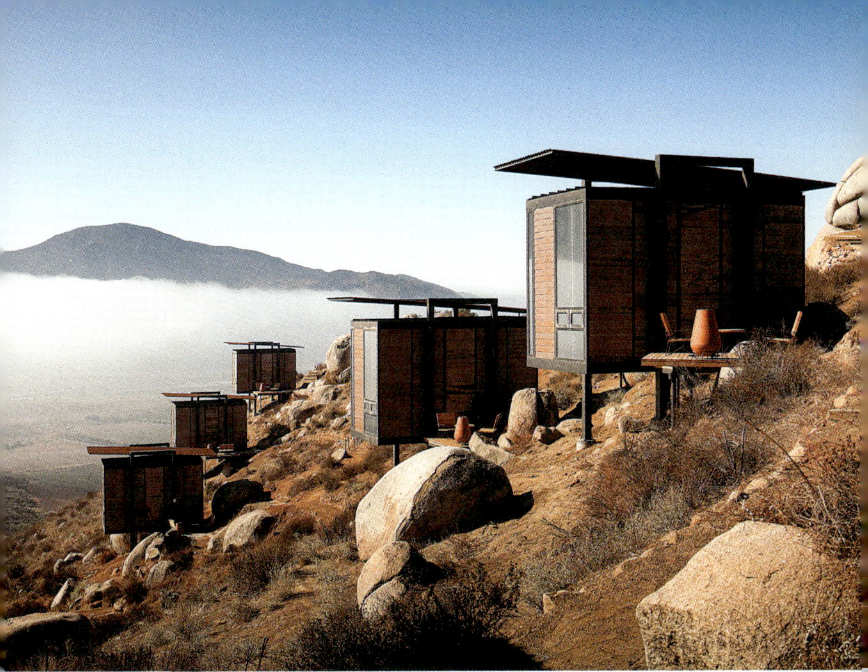

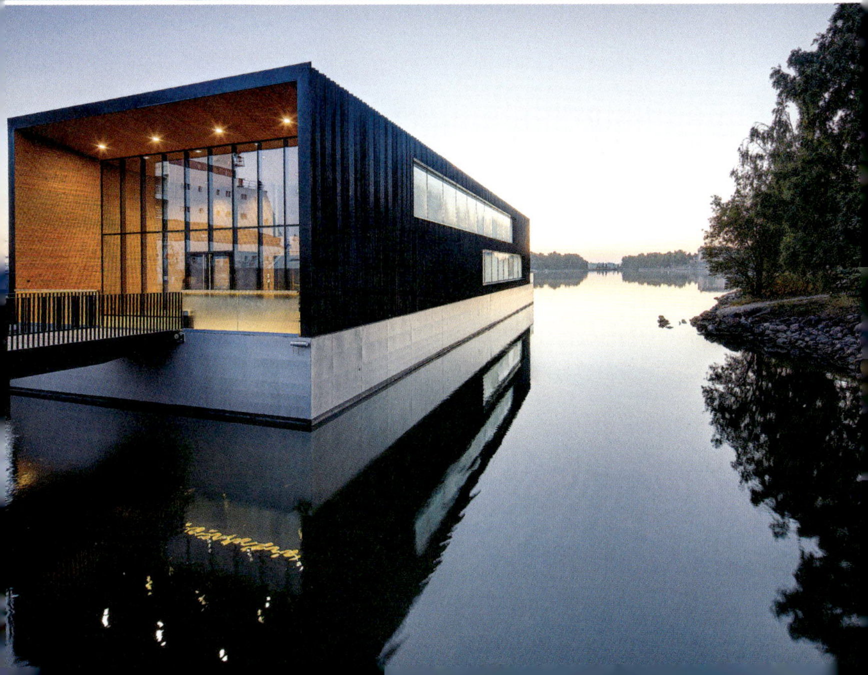

9 Kann ein Landkratzer uns helfen, nach den Sternen zu greifen?

In der chilenischen Atacamawüste befindet sich das Very Large Telescope, ein Instrument, das seinem Namen alle Ehre macht – es ist eines der größten und leistungsfähigsten optischen Geräte der Erde. In dieser Vorzeigeeinrichtung der Europäischen Südsternwarte arbeiten Wissenschaftler unter harten klimatischen Bedingungen (intensive Sonneneinstrahlung, extreme Trockenheit, Erdbeben) und brauchen daher eine Unterbringung, die ihnen zwischen den Arbeitsphasen Ruhe und Erholung bietet. Dieses über die Landschaft drapierte Hotel ist ein Zufluchtsort für die Menschen, die für längere Zeit in dieser schönen, unwirtlichen Gegend verweilen.

Wissenschaftlicher Fortschritt braucht gesunde Wissenschaftler.

Hotel der Europäischen Südsternwarte (ESO)
Cerro Paranal, Chile

Auer Weber

10 Können wir auf dem Mond leben?

Wenn wir eines Tages alle auf dem Mond leben, benötigen wir Schutz vor der Gammastrahlung. Genau das leistet diese Behausung für vier Personen; außerdem schützt sie vor großen Temperaturschwankungen und Meteoriten. Ihre eigenwillige Form erhält die Konstruktion durch aufblasbare Kuppeln. Solarbetriebene, 3-D-druckfähige Roboter verteilen Mondstaub (Regolith) auf ihrer Oberfläche und schaffen so eine ultraleichte Schutzhülle, weil diese keine Klebstoffe oder andere Befestigungsmittel benötigt – die Partikel haften von selbst zusammen. Architekten haben ein 1,5 Tonnen schweres Modell gebaut und kleine Module in einer Unterdruckkammer getestet. Bald können Sie das erste Exemplar in Originalgröße am Südpol des Mondes erspähen.

Architektonische Genialität ist nicht an die Erde gebunden.

Von 3-D-Druckern geschaffene Mondbehausungen (Entwurf)

Foster + Partners in Zusammenarbeit mit der Europäischen Weltraumorganisation (ESA)

Neuerfindung

Schlimm genug, eine Plastikflasche einfach in die Gegend zu werfen – was bedeutet es dann erst, ein ganzes Gebäude wegzuwerfen, wenn wir es nicht mehr brauchen! Weil Neubauten unglaublich ineffizient sind, werden in den nächsten zehn Jahren schätzungsweise 90 Prozent der Bauvorhaben in den USA bereits bestehende Gebäude nutzen. Ein Getreidesilo wird zum Kunstmuseum und ein Klärwerk zum Kultobjekt. Wir können eine neue Zukunft für unsere alten Bauwerke schaffen, indem wir unserer Vergangenheit eine andere Bestimmung geben.

11 Kann man in einer Kathedrale shoppen?

In dem Maße, wie die Zahl der nicht virtuellen Buchläden weltweit schwindet, werden die verbliebenen zu ehrwürdigen Stätten der Einkehr. Demzufolge gab es für eine niederländische Buchhandlung wohl keinen besseren Ort, um sich neu zu erfinden, als eine Dominikanerkirche aus dem 13. Jahrhundert. Das hochaufragende Kirchenschiff bietet verschwenderischen Platz für ein drei Etagen hohes Bücherregal, das die gesamte Länge des Innenraumes einnimmt und einen Kontrast zu dem steinernen gotischen Bauwerk bildet.

Frustshoppen kann eine sakrale Erfahrung sein.

Selexyz Dominicanen Maastricht, Niederlande

Evelyne Merkx, Merkx + Girod

12 Kann Schutt eine neue Geschichte erzählen?

In China ist durch Naturkatastrophen entstandener Schutt passenderweise in Gestalt eines Geschichtsmuseums zu neuem Leben erwacht. Die Architekten verwendeten die nach Erdbeben herumliegenden Trümmer zum Bau der Fassade dieses Gebäudes, das die Stadt Ningbo in Auftrag gegeben hatte. Auf diese Weise entstand aus der Vision der Architekten ein Symbol für die Vergangenheit, indem vorhandenes Material im Sinne der Nachhaltigkeit für zeitgenössische Zwecke genutzt wurde.

Ziegelsteine haben kein Verfallsdatum.

Ningbo-Museum
Ningbo, China

Wang Shu

13 Kann Hässlichkeit schön sein?

Newtown Creek ist die größte von New Yorks 14 Kläranlagen. Die Stadt hätte der Einfachheit halber bei einem zweckmäßigen Design bleiben können; stattdessen steckte sie 4,5 Milliarden Dollar in die Instandsetzung der veralteten und umweltschädlichen Anlage, wobei sie das Design auf das umgebende Wohngebiet abstimmte. Mit einem Team, zu dem Lichtkünstler und ein Umweltgestalter gehörten, schufen die Architekten einen Komplex, in dem Form, Material und Farbe zu einer beeindruckenden visuellen Komposition verschmelzen.

Industriearchitektur muss sich nicht mehr verstecken.

Newtown Creek Kläranlage
Brooklyn, New York, USA

Ennead Architects

14 Würden Sie in einem Abwasserrohr dinieren?

Versuchen Sie einfach, nicht darüber nachzudenken – aufeinandergestapelte vorgefertigte Betonröhren, durch die normalerweise Abwässer fließen, haben diesem Lokal eine dramatische künstlerische Note verliehen. Innen mit Holz verkleidet, schaffen sie intime Essnischen für die Gäste und gewähren den Vorübergehenden nahezu voyeuristische Einblicke.

Die Funktion folgt der Form.

Prahran Hotel
Melbourne, Australien

Techné Architecture

15 Wie viel würden Sie für die Übernachtung in einem Lagerhaus zahlen?

Weltweit werden Lagerhallen zu trendigen Hotels umfunktioniert, aber dies ist ein besonders markantes Beispiel für ein aufgepepptes Bauwerk, das ein altes Industriegelände zu neuem Leben erweckt hat. Am East River in Brooklyn haben Architekten ein Gebäude aus Ziegelmauerwerk, Gusseisen und Holzrahmen entkernt und restauriert, um darin 73 Gästezimmer zu schaffen. Ein Dachaufbau mit passenden Fabrikfenstern bietet prächtige Aussichten auf die Skyline von Manhattan und bereichert zugleich Brooklyns eigene Skyline um einen Hingucker.

Machen Sie es sich bequem – in dem Wissen, cooler zu sein als der Rest der Welt.

Wythe Hotel
Brooklyn, New York, USA

Morris Adjmi Architects

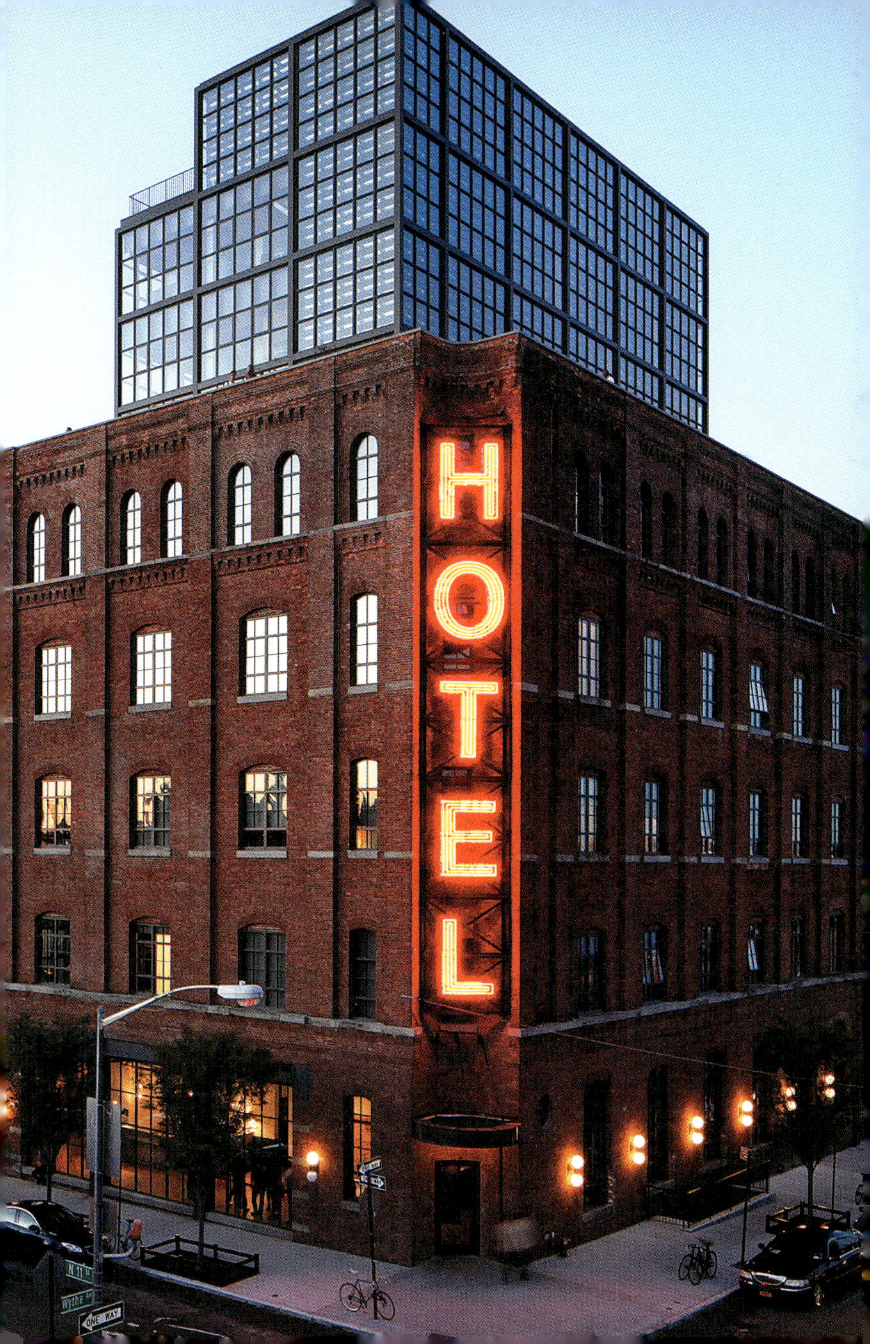
HOTEL
ONE WAY

16 Wie macht man aus einem Getreidesilo ein Kunstmuseum?

An Kapstadts Waterfront wird ein historischer Getreidespeicher aus 42 Betonröhren zu einem Museum umgestaltet. Weil es im Inneren der Konstruktion keine freie Fläche gab, schnitten die Architekten acht der inneren Betonröhren auf (dank neuartiger Betonschneideverfahren werden die Kanten erhalten, was zusätzliche Struktureffekte erzeugt). Das Ergebnis ist ein ovales Atrium, das auf allen Seiten von Betonsäulen flankiert wird. In den unterirdischen Gängen des ursprünglichen Silos erhalten Künstler die Gelegenheit, standortspezifische Werke zu schaffen.

Zeitz Museum of Contemporary Art Africa
Kapstadt, Südafrika

Heatherwick Studio

Ein Gebäude kann zuerst dem Körper und dann dem Geist Nahrung bieten.

17 Kann ein Bunker ein Kraftwerk werden?

In Hamburg-Wilhelmsburg dient die zum Mahnmal gewordene Ruine eines Flakbunkers aus dem Zweiten Weltkrieg mittlerweile einem völlig anderen Zweck. Sie wurde zu einem regenerativen Kraftwerk umfunktioniert, das Sonnenstrahlung und Abwärme in Energie umwandelt und seinen eigenen CO_2-Fußabdruck nahezu selbst neutralisiert. Dennoch hat man die Vergangenheit des Gebäudes nicht vergessen – inmitten eines Wohngebiets gelegen, ist der Bunker, ergänzt durch ein Café, als Wahrzeichen der Öffentlichkeit zugänglich.

Energiebunker
Hamburg, Deutschland

HHS Planer + Architekten

Architektur gemahnt uns daran, dass unsere Erinnerungen Kraft spenden.

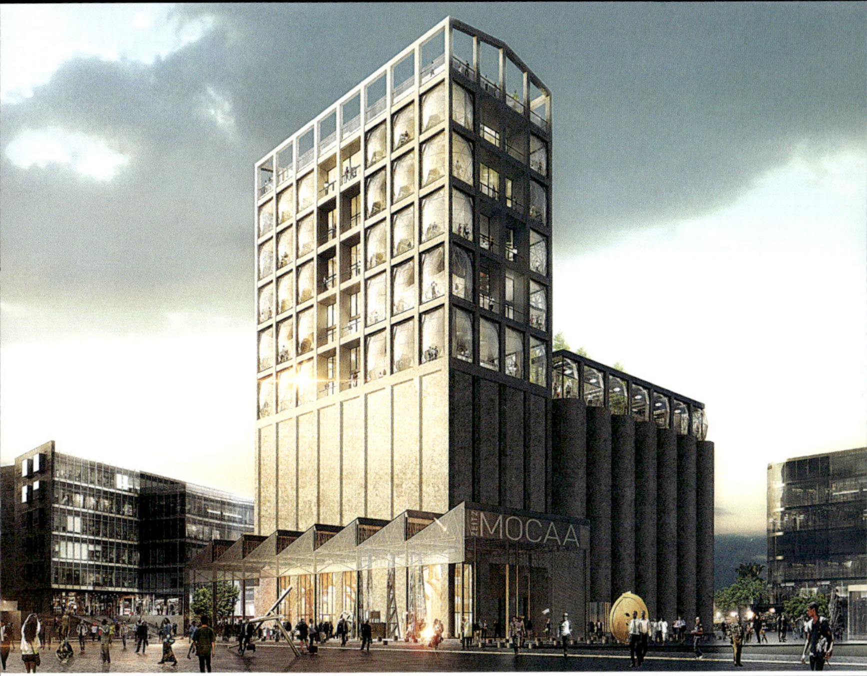
ZEITZ MOCAA

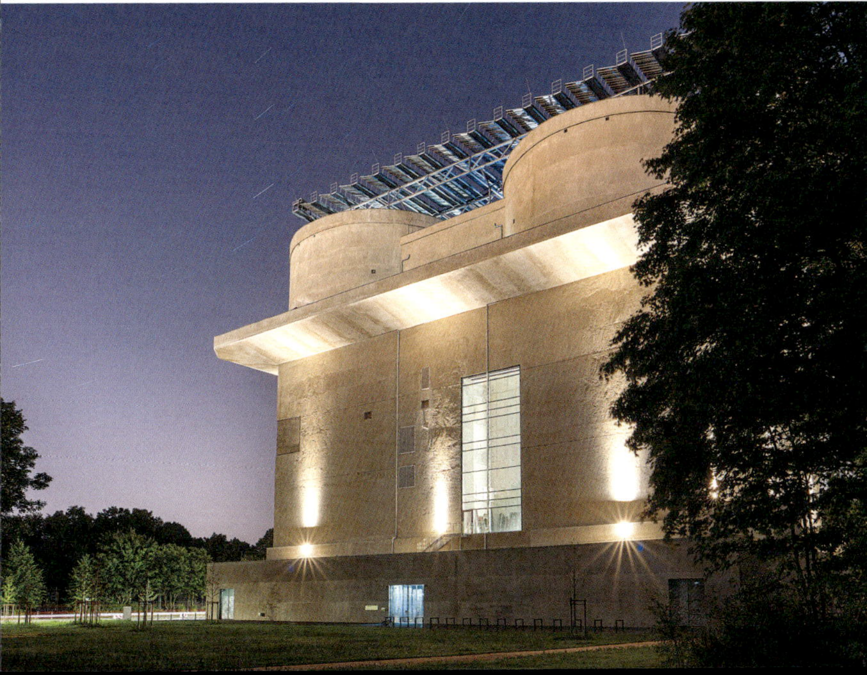

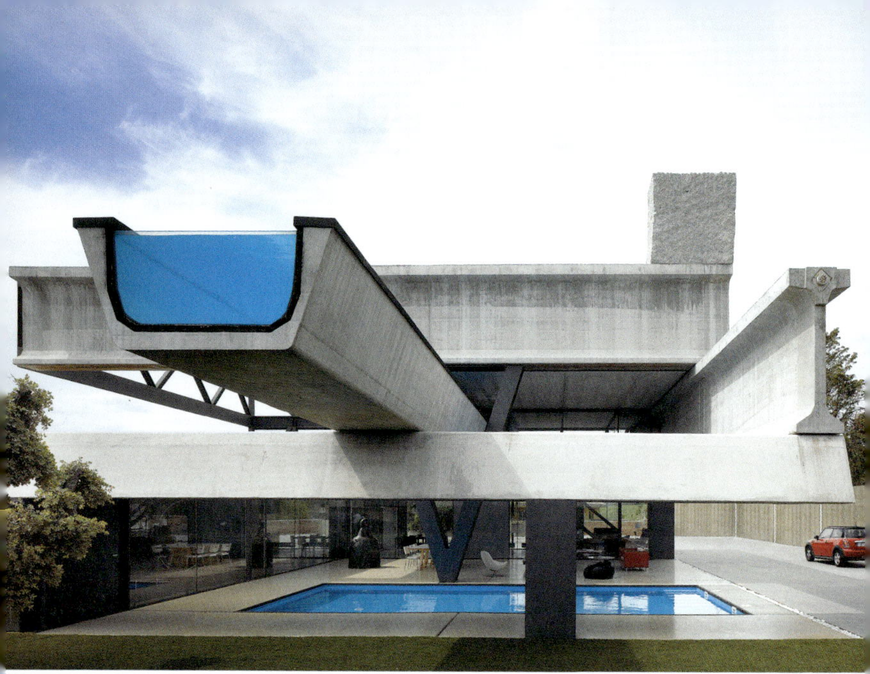

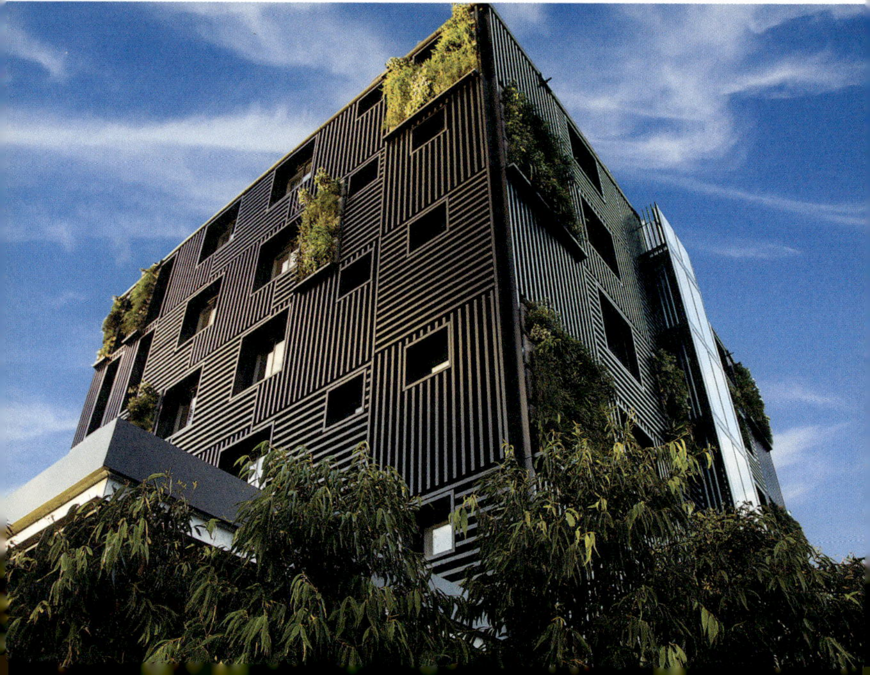

18 Eignen sich Autobahnen als Häuser?

Wir fahren ständig auf Autobahnen, ohne uns ihre enormen Ausmaße bewusst zu machen. Dieses Haus führt uns die Maßstäbe unserer Verkehrsinfrastruktur vor Augen. Es besteht aus riesigen Betonfertigteilelementen, wie man sie zum Bau von Schnellstraßen verwendet. Die scheinbar jeder Statik trotzenden vorspringenden Träger stellen unsere Vorstellungen von Schwerkraft und Balance in Frage. Und dazu noch dieser Swimmingpool!

Das Offensichtliche neu zu überdenken kann etwas ganz Neues entstehen lassen.

Villa Hemeroscopium
Madrid, Spanien

Ensamble Studio

19 Kann eine neue Haut alte Knochen retten?

Als Bauunternehmer planten, ein Hotel aus den 1960er Jahren in ein hochwertiges Apartmenthaus umzuwandeln, wollten ihre Architekten so viel wie möglich von der alten Bausubstanz erhalten und zugleich Funktion und allgemeines Erscheinungsbild des Gebäudes aufwerten. Zu diesem Zweck verpassten sie ihm eine »zweite Haut«, die sie auf der bestehenden Mauerwerksfassade anbrachten. Die neue schwarze Aluminiumverkleidung beherbergt einen vertikalen Garten und hat die thermische Leistungsfähigkeit des Gebäudes drastisch erhöht (und sieht dabei noch toll aus).

Was gut für die Umwelt ist, kann auch den Augen guttun.

142 Park Street
South Melbourne,
Australien

Brenchley Architects

20 Kann es in historischen Städten futuristische öffentliche Räume geben?

Als Sevilla beschloss, das Parkplatzgelände und den Busbahnhof im Stadtzentrum umzugestalten, entdeckte man zum Erstaunen der Stadtoberen unter der Erdoberfläche römische Ruinen. Was tun? Bei einer internationalen Ausschreibung trug der Entwurf für den Metropol Parasol den Sieg davon; er schützt die Ausgrabungen, birgt Raum für Läden und Cafés und schafft einen großartigen öffentlichen Platz in der nach wie vor pulsierenden Stadt. Die sechs pilzförmigen Schattenspender bieten Schutz vor der intensiven andalusischen Sonne, und Besucher können aufs Dach steigen, um den Ausblick auf die von Mauern umgebene Stadt zu genießen. Das Verrückteste an diesem geschwungenen Wahrzeichen ist jedoch nicht seine Form – es besteht größtenteils aus Holz und ist die größte geleimte Struktur der Erde.

Metropol Parasol
Sevilla, Spanien

J. Mayer H.

Städte sind keine Zeitkapseln.

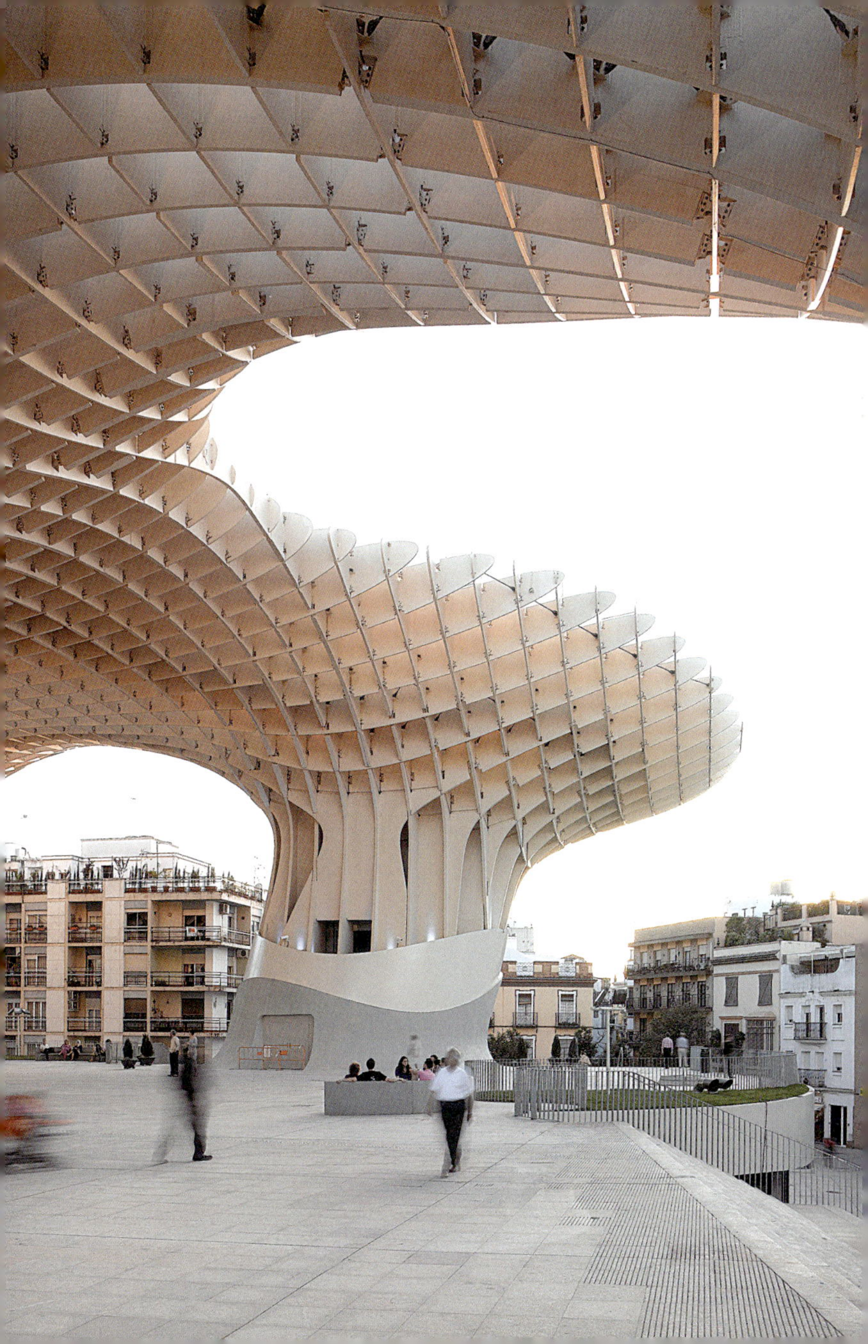

21 Kann eine U-Bahn-Station Lust darauf machen, unter die Erde zu gehen?

Die Pläne für diese Erweiterung einer U-Bahn-Station stammen bereits aus den 1980er Jahren, doch verwirklicht wurden sie erst im neuen Jahrtausend. Mit Hilfe neuer Bautechniken kofferten die Architekten einen riesigen Quader aus und strukturierten ihn durch Betonträger. Die haptische Ansammlung von Säulen, Balken und Aufzügen wird durch ein Glasdach von der Sonne erhellt. Das verleiht diesem unterirdischen Raum das Flair eines dreidimensionalen Verkehrsknotenpunkts und verwandelt ihn in einen beliebten öffentlichen Platz.

Gute Architektur ist das Warten wert.

M4 Fővám tér station und Szent Gellért tér station
Budapest, Ungarn

Sporaarchitects

22 Können Container überraschen?

Mit ihrer Einheitsgröße, niedrigen Anschaffungskosten und der allgemeinen Verfügbarkeit sind Container für Architekten attraktive Bauelemente. Erbaut zu dem Zweck, Besucher zum öffentlichen Kunstprogramm an Anyangs Flussufer zu locken, sprengt die APAP OpenSchool die Grenzen der Möglichkeiten dieser Module. Ein Container lehnt gekippt in einem scheinbar unmöglichen 45-Grad-Winkel an einem anderen, der drei Meter über dem Boden schwebt. Auch dank ihres leuchtend gelben Anstrichs ist die Konstruktion zu einer Sehenswürdigkeit der Stadt geworden.

Architektur ersinnt außergewöhnliche Verwendungen für gewöhnliche Materialien.

APAP OpenSchool
Anyang, Korea

LOT-EK

23 Kann bei guter Architektur 1 + 2 = 1 sein?

Das Museu de Arte do Rio und die benachbarte Kunstschule hatten ein Identitätsproblem. Die Institutionen bestehen aus drei Komponenten: einem Palast von 1910, einem Busbahnhof aus der Mitte des Jahrhunderts und einem ehemaligen Polizeigebäude. Um diesen Elementen eine gemeinsame Identität zu verleihen, schufen die Architekten einen Baldachin aus Beton, der die separaten Teile visuell vereinigt. Dank kaum sichtbarer Säulen scheint der wellenförmige Baldachin über dem Museumsgelände, einer geschäftigen Dachterrasse und dem untenliegenden Hof zu schweben.

Mit dem richtigen Design kann Architektur mehr sein als die Summe ihrer Teile.

Museu de Arte do Rio
Rio de Janeiro, Brasilien

Jacobsen Arquitetura

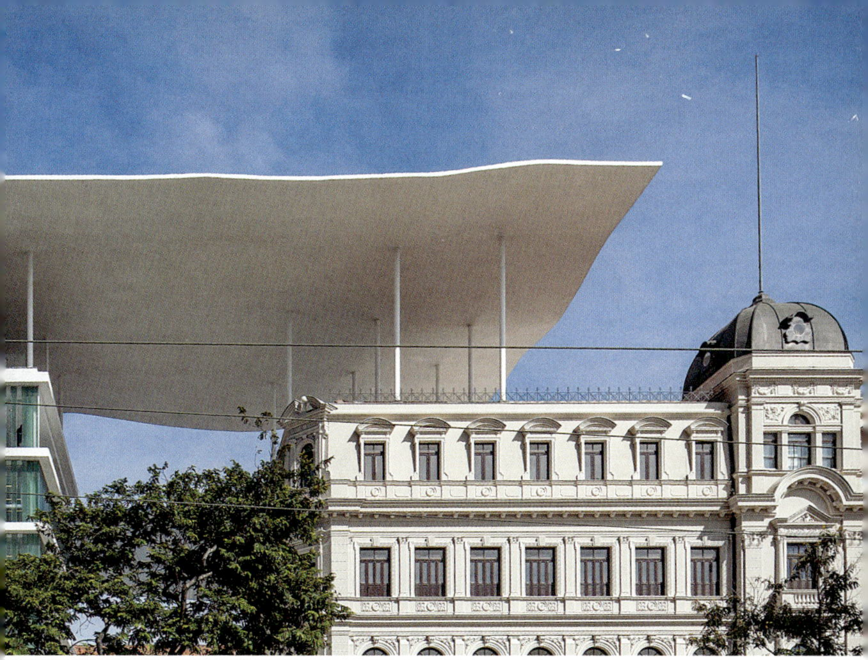

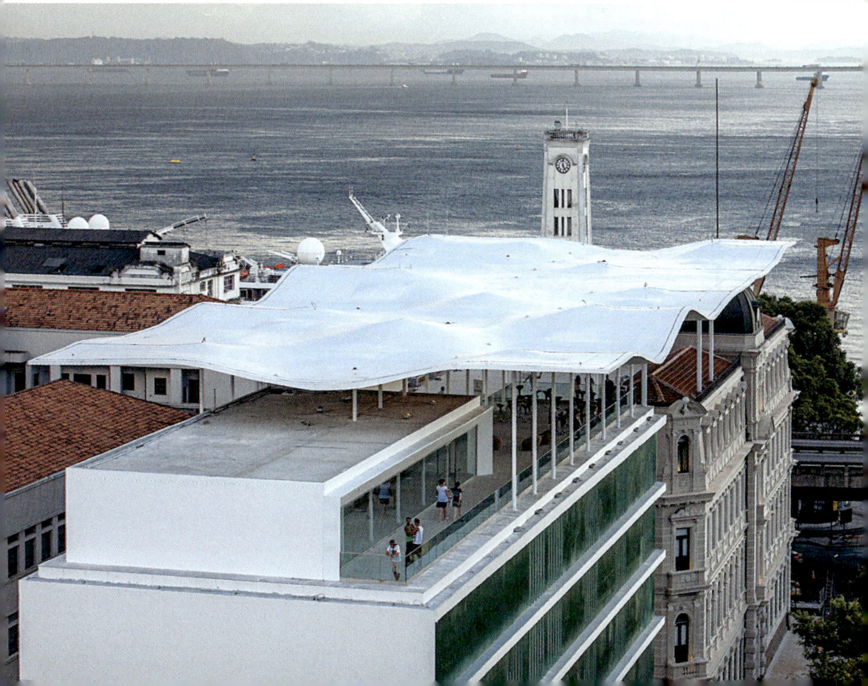

Gute Besserung

Gebäude haben großen Einfluss auf unsere Gesundheit und unser Wohlbefinden. Falls Sie schon einmal deprimiert in einem Wartezimmer mit niedriger Decke und kalten, flackernden, fluoreszierenden Lampen gesessen haben, wissen Sie, welche Macht die Architektur über unsere Psyche hat. Es gibt auch den umgekehrten Fall: Gebäude können sich überaus positiv auf ihre Nutzer auswirken – von Patienten und Ärzten bis hin zu Studierenden und alten Menschen.

24 Kann ein Ziegelstein Heilkräfte entwickeln?

2011 eröffnete das Butaro Hospital für dieses Einzugsgebiet in Ruanda mit fast 350 000 Menschen eine medizinische Einrichtung mit 150 Betten. Trotz seiner großen Bedeutung hatte das Krankenhaus Mühe, genügend Ärzte zu gewinnen. Die Lösung des Problems waren diese hübschen Häuser, die dem auswärtigen Personal in nur fünf Minuten Entfernung vom Krankenhaus einen festen Wohnsitz bieten. Beim Planen der Häuser bemühten sich die Architekten um eine ganzheitliche Berücksichtigung der gemeinschaftlichen Bedürfnisse; sie nutzten das Projekt als Chance, der ansässigen Gemeinde neue Handwerksberufe beizubringen.

In Workshops vor Ort lernten einheimische Teams, gepresste, stabilisierte Lehmsteine herzustellen – Ziegel, die erdbebensicher und nachhaltig sind. Die Teams lernten außerdem, für das Krankenhaus maßgefertigte Möbel und Beleuchtungskörper zu produzieren, und wurden mit bodenstabilisierenden Maßnahmen vertraut gemacht, um die Region landwirtschaftlich erschließen zu können. Mit der Ausbildung von insgesamt 900 Arbeitern im Laufe des Bauprozesses kann Ruanda auf Generationen hinaus von besseren Bautechniken und vor allem einer besseren medizinischen Versorgung profitieren.

Bauwerke bauen die Zukunft.

Butaro Doctors' Housing
Butaro, Ruanda

Mass Design Group

25 Was kann uns ein Spa über Licht lehren?

Ein 1967 erbautes Hotel von ganz eigenem Charakter hat sich zu einem Kassenmagnet Mallorcas entwickelt. Die letzte Sanierung umfasste auch einen neuen Spa-Bereich; dieser verfügt über ein innovatives, von Naturlicht bestimmtes Design, das den Innenräumen eine völlig andere Wirkung verleiht. Im Poolbereich kann das Gebäude nun endlich seine Sonnenseite zeigen, da Decke und Wände von einer Vielzahl strategisch angeordneter Fenster durchbrochen sind. In den Wellness- und Work-out-Räumen können die Gäste dank großer Glasflächen den Blick auf die Landschaft genießen, während kleinere Öffnungen in den ruhigen Bereichen, wie der Sauna, für eine gedämpft-heitere Atmosphäre sorgen.

Sonnenlicht kann Wunder wirken.

Hotel Castell dels Hams
Mallorca, Spanien

A2Arquitectos

26 Würden Sie hier sterben wollen?

Dieser außergewöhnliche Wohnkomplex für Senioren illustriert, dass in Portugal Kultur ein wichtiges Element der Lebensqualität ist. In sämtlichen Details steht der Mensch im Mittelpunkt der Gestaltung, die sich an mediterranen Kleinstädten orientiert – alle Wohnungen gehen fließend in Wege, Plätze und Gärten über. Mit der Abenddämmerung erstrahlen die lichtdurchlässigen Dächer, damit sich die Bewohner nachts frei bewegen können. Das Beleuchtungskonzept spielt auch bei Notfällen eine wichtige Rolle: Wird im Hausinneren ein Alarm ausgelöst, wechselt das Licht des Daches von Weiß zu Rot und signalisiert damit, dass Hilfe benötigt wird.

Licht sendet eine Botschaft.

Complexo Social em Alcabideche, Alcabideche, Portugal

Guedes Cruz Arquitectos

27 Kann Architektur helfen, den Krebs zu besiegen?

Dieses Krebsberatungszentrum bildet einen Mikrokosmos für Besucher, Pflegekräfte und Berater. Das Zentrum besteht aus sieben kleinen Häusern, die sich um zwei grasbewachsene Höfe gruppieren, und hebt sich mit seiner gezackten Dachlinie deutlich von benachbarten Krankenhausgebäuden ab. Hier können Patienten und ihre Familien nahe bei der Krebsstation der Klinik lernen, essen, Sport treiben und sich ausruhen, was die enge Zusammenarbeit zwischen dem Klinikpersonal und der Dänischen Krebsgesellschaft fördert.

Als kleine, in die Nachbarschaft eingebettete Gemeinde unterstreicht das Zentrum die lebenswichtige Rolle, die zwischenmenschliche Kontakte im Behandlungsprozess spielen können.

Architektur kann zur Heilung beitragen.

Livsrum
Næstved, Dänemark

Effekt

28 Kann Architektur uns Superkräfte verleihen?

Das Geheimnis eines langen Lebens? Kontakt zwischen den Generationen, regelmäßige körperliche Betätigung, soziale Interaktion, Spaß und Glück. All dies verkörpert das Fun House – das Herzstück der progressiven Gemeinschaft des Alterns in Palm Springs. Der Schlüssel zu diesem Gebäude liegt in Madeline Gins' bahnbrechender Theorie des »umkehrbaren Schicksals« – Strukturen werden genutzt, um körperliche und geistige Kapazitäten zu aktivieren, und Architektur gilt als zentrales Element für ein längeres und gesünderes Leben.

Architektur kann uns jung erhalten.

Reversible Destiny Healing Fun House (Entwurf)
Palm Springs, Kalifornien, USA

Arakawa + Gins, Reversible Destiny Foundation

29 Kann diese Schule autistischen Kindern beim Lernen helfen?

Diese Schule wurde für Schüler und Schülerinnen mit autistischen Störungen konzipiert. Aufgrund ihrer besonders sensiblen Sinne können solche Kinder plötzliche Übergänge zwischen physikalischen Räumen oder zu großen, undifferenzierten Plätzen als traumatisch empfinden. Neun Wohnhäuser und drei Unterrichtsgebäude schaffen ein therapeutisches Umfeld, das den Kindern ermöglicht, sich ohne abrupte Szenenwechsel durch den Campus zu bewegen. Richtungsänderungen werden nicht durch scharfe Winkel, sondern sanfte Abbiegungen signalisiert, die die Kinder allmählich zu den Eingängen der Gebäude leiten.

Architektur kann schöne Choreographien erschaffen.

Center for Discovery

Harris, New York, USA

30 Kann Lehm uns Sicherheit geben?

Mae Tao Clinic ist eine humanitäre Organisation, die für über 3000 Kinder kostenlose medizinische Behandlung, Unterkunft und Nahrung bereitstellt. Einige Kilometer von der birmanischen Grenze entfernt gelegen, musste die Klink erweitert werden, um der steigenden Patientenzahlen Herr zu werden. Mitglieder dieser wachsenden Gemeinschaft erbauten eine neue Einrichtung aus örtlichem Holz und Lehmziegeln (Adobe), die in Thailand seit Jahrhunderten als wetter- und feuerfestes Baumaterial verwendet werden. Heute beherbergt das neue Zentrum ein Gesundheitsbildungsprogramm, das die Sozialstruktur in dieser Grenzregion noch stärker festigt.

Dreck kann uns verbinden.

Neues Ausbildungszentrum
Campus und temporäre Schlafräume
Mae Sot, Thailand

a.gor.a architects

31 Würden Ihre Kinder Sie hier besuchen?

Altwerden sollte nicht gleichbedeutend mit einem isolierten Leben sein. Dieses Seniorenpflegezentrum ist eine Mischung aus Hotel und zukunftsgerichtetem Krankenhaus. Jeder weiße Appartementkubus besitzt einen vorspringenden Balkon, der die darunterliegenden Fenster vor grellem Sonnenlicht schützt. Ein Gegengewicht zu diesem geschützten Privatbereich bildet der große öffentliche Platz, um den das Bauwerk angeordnet ist: Das lange Gebäude ist ein mäandernder Pfad (tatsächlich kann man auf dem Dach entlangspazieren) und umschließt einen allgemeinzugänglichen Hof, wo sich die Bewohner versammeln und neue Bekanntschaften schließen können.

Gebäude wissen: Einigkeit macht stark.

Seniorenpflegezentrum
Alcácer do Sal Residences, Portugal

Aires Mateus

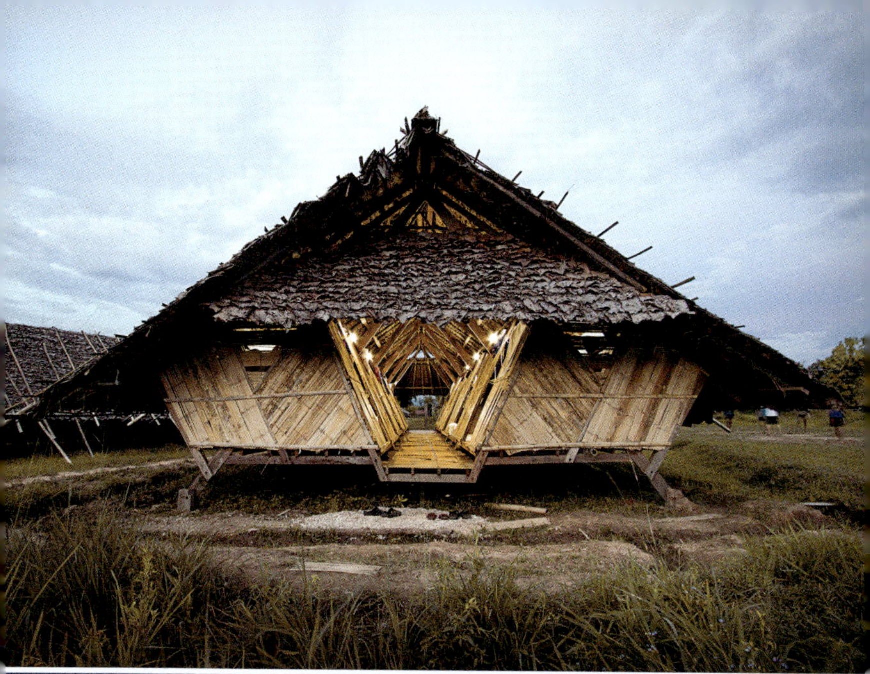

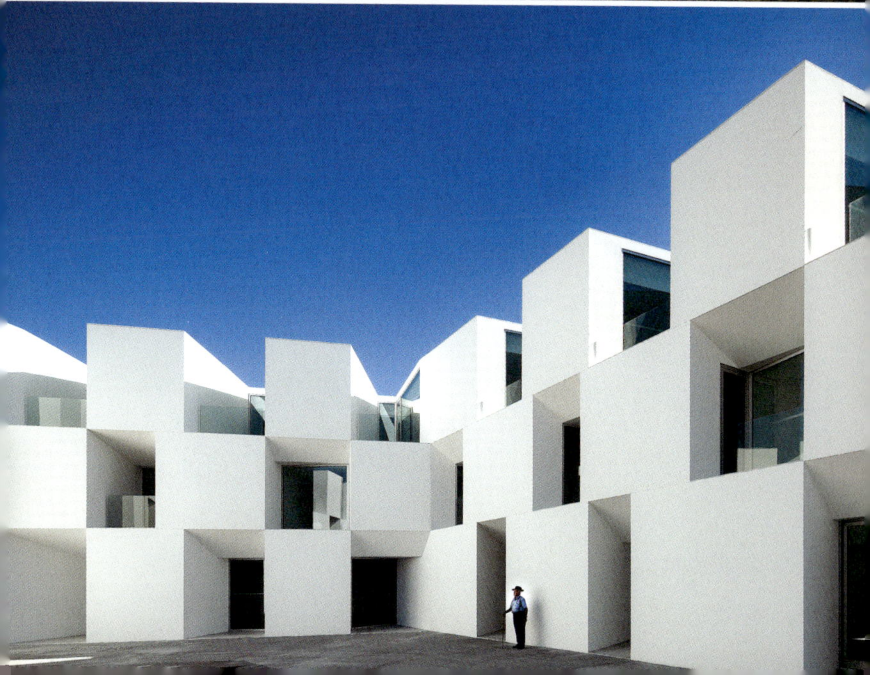

POP-UP

Wissenschaftler haben Labore. Architekten haben Pop-ups. Diese temporären Strukturen sind kleine Experimente in Form und Raum.

Kann Architektur aus dem Boden schießen?

Handelsübliche Acrylröhren vereinigen sich hier zu einem starren Pavillon, dessen Gestalt einem ungeschliffenen Edelstein nachempfunden ist.

BVLGARI Pavilion
Manarat Al Saadiyat, Abu Dhabi,
Vereinigte Arabische Emirate

Not a Number Architects

Im Hinblick auf Küchenchefs in spe und die Imbiss-
wagenkultur wurde diese leichte Plastikhülle mit
Ziehharmonikafaltung so konzipiert, dass sie einem
Dinner für 2 bis 50 Personen Platz bieten kann.

PDU (Portable Dining Unit)
San Francisco, Kalifornien, USA

EDG

Dank eines mit Helium gefüllten Ballon-Baldachins und
umhüllt von transparentem Gewebe berührt dieser temporäre
schwebende Hochzeitspavillon kaum den Boden.

Floatastic
New Haven, Connecticut, United States

QASTIC Labs

Dieser temporäre soziale Treffpunkt auf Governors Island wurde zum Figment Kunstfestival erschaffen und besteht aus 53 780 recycelten Flaschen – so viele, wie in New York City stündlich weggeworfen werden.

Head in the Clouds
Governors Island, New York, USA

Studio Klimoski Chang Architects

Designer haben dem Empfangsbereich eines traditionellen weißen Partyzeltes mit einer hängenden Landschaft aus weißen Vinylröhren ein frappierendes neues Styling verpasst.

Drift pavilion für Design Miami, 2012
Miami Beach, Florida, USA

Snarkitecture

Gestaltwandler

Können Wände unsichtbar sein? Kann ein Ballon zum Konzertsaal werden? Kann sich ein Wolkenkratzer vorbeugen und den Boden berühren? Die neuen Technologien zum Zeichnen, digitalen Modellieren und Konstruieren erlauben Architekten, sich von den Formen der Vergangenheit zu lösen und einzigartige Räume zu schaffen, die unsere bisherigen Sehgewohnheiten sprengen.

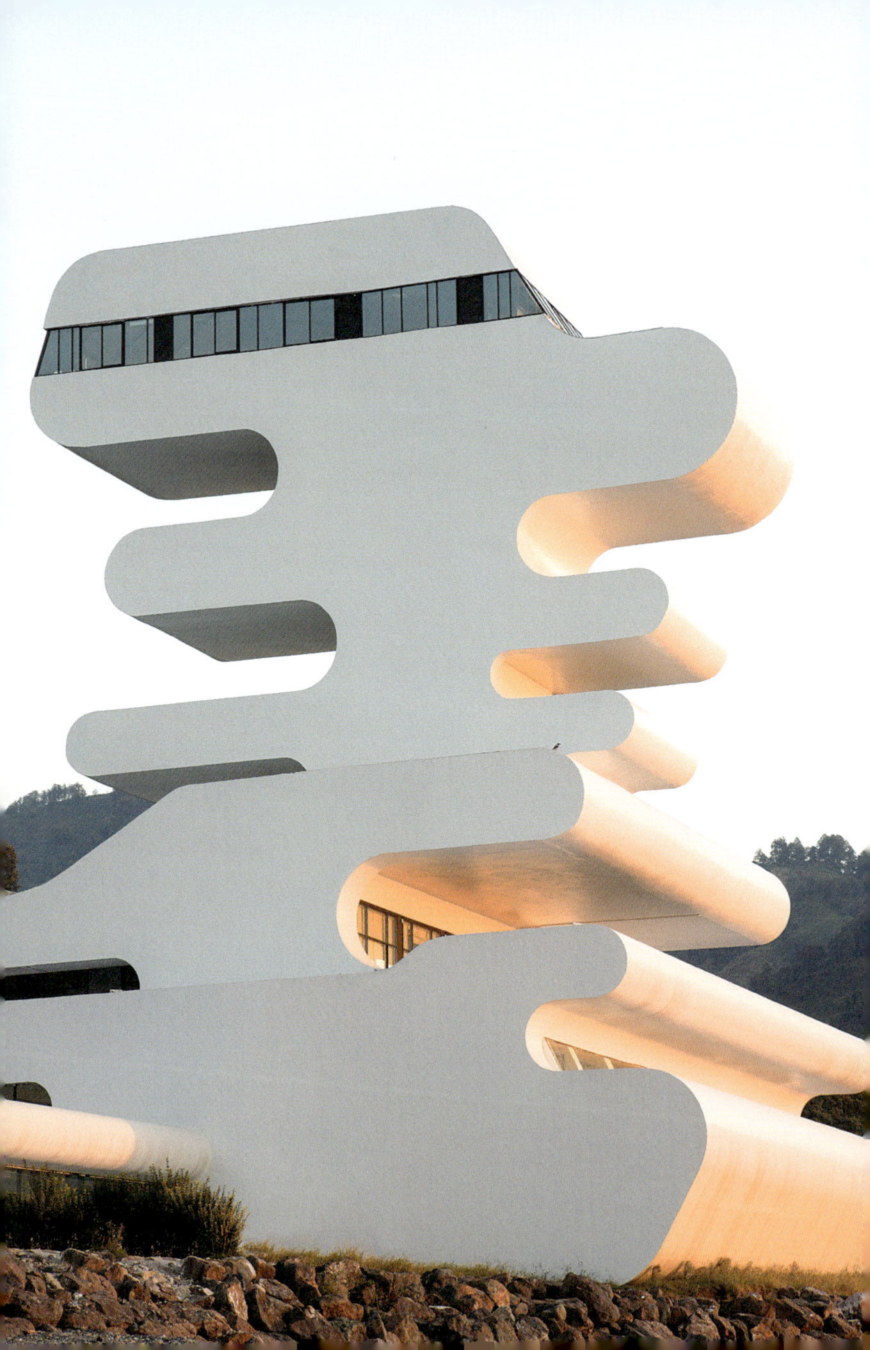

32 Kann ein Gebäude einen Zickzackkurs beschreiben?

Ein Grenzübergang ist das Erste, was man bei der Einreise in ein fremdes Land wahrnimmt, und das Letzte, was man bei der Ausreise sieht. Georgien hat die wohl interessanteste Grenzstation der Welt errichtet, was nicht weiter überrascht – seit seiner Wiedergeburt als unabhängiger, demokratischer Staat im Jahr 1991 hat Georgien Architektur genutzt, um sich weltweit ein neues Image zu verschaffen. Auskragende Plattformen, die Panoramablicke auf die zerklüftete Landschaft bieten, eine Cafeteria, ein Konferenzsaal und Personalräume fügen sich zu einem Gesamtwerk, das wunderbare Entdeckungen in dem dahinterliegenden Land verheißt.

Grenzstation Sarpi, Georgien

J. Mayer H.

Das Einfallstor zu einem Land sollte Besucher anlocken und inspirieren.

33 Kann Architektur wirbeln?

Eine aufblasbare und mobile Konzerthalle aus einer dehnbaren Kunststoffmembran bringt dem von Erdbeben verwüsteten Japan sowohl Kunst als auch Hoffnung. Der Veranstaltungsort mit 500 Sitzen lässt sich in weniger als zwei Stunden aufblasen und per Lastwagen zu einem neuen Standort transportieren, nachdem man die Luft wieder herausgelassen hat.

Die Linie zwischen Kunst und Architektur kann kurvig sein.

Ark Nova
Matsushima, Japan

Arata Isozaki, Anish Kapoor

34 Kann Architektur Sturzflüge wie ein Adler vollbringen?

Die Sowjetunion war bekannt für ihre imposante und starr monumentale Architektur. Als die Aserbaidschaner in ihrer Hauptstadt ein neues Kulturzentrum errichten wollten, brachen sie rigoros mit der Vergangenheit. Das Gebäude erhebt sich auf einer Fläche von über 57 000 Quadratmetern in wogenden Wellen aus der Landschaft. Das Design repräsentiert die fließende Beziehung zwischen der Stadt und dem, was sich im Innern des Kulturzentrums abspielt.

Architektur kann neue Landschaften erstehen lassen.

Heydar Aliyev Center
Baku, Aserbaidschan

Zaha Hadid Architects

35 Kann Architektur tropfen?

Ein internationaler Flughafen gibt einer Stadt Gelegenheit, Besuchern ihre Identität zu präsentieren. Aus diesem Grunde griffen die Architekten des Terminal 2 von Mumbais Flughafen längs des fast sieben Hektar großen Daches die Muster der traditionellen *Jalis* auf – das sind Fensterverblendungen aus perforiertem Stein oder gitterartigem Holz, die man in der indischen Architektur häufig findet. Die Kassettendecke, die in herabtropfende Säulen übergeht, lässt das Licht durch Dachfenster von oben einfallen und bildet ein beeindruckendes visuelles Tor zum Wirtschaftszentrum des Landes.

Architektur sagt dir, dass du angekommen bist.

Chhatrapati Shivaji International Airport Terminal 2 Mumbai, Indien

Skidmore, Owings & Merrill

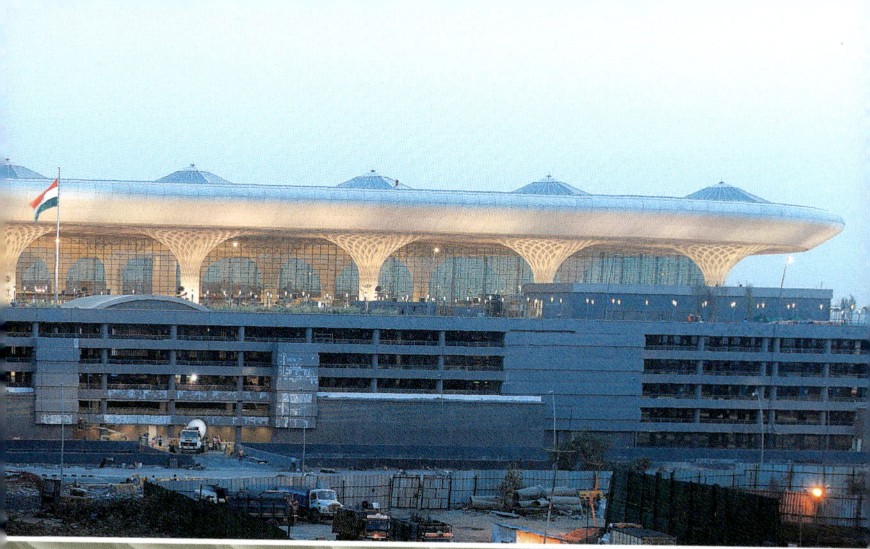

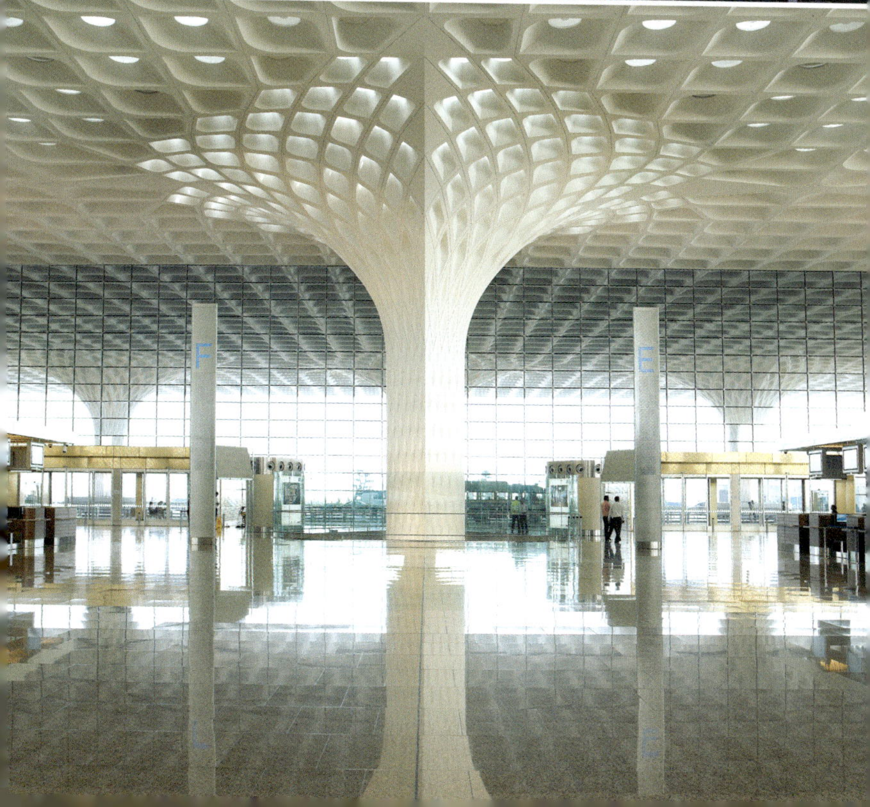

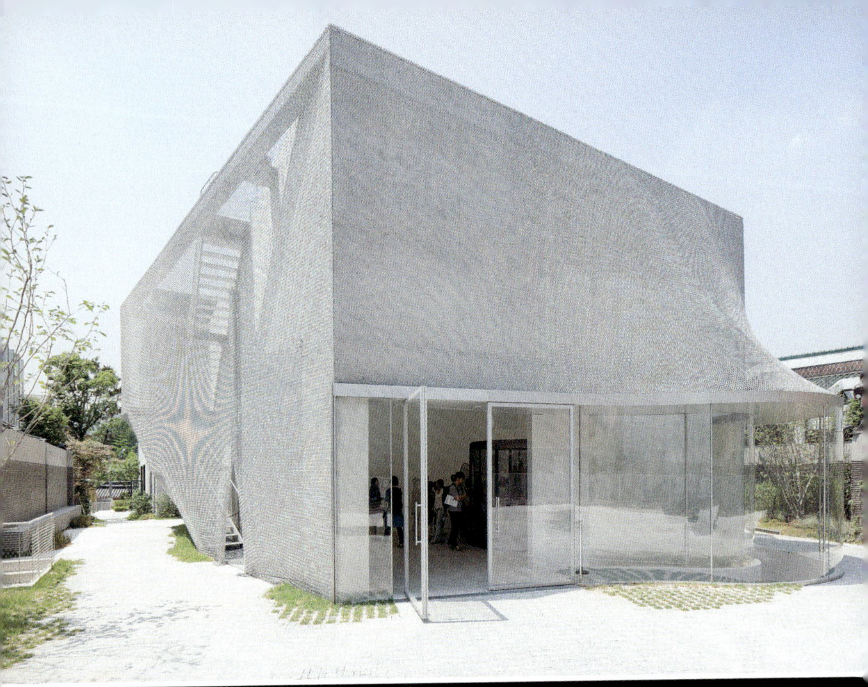

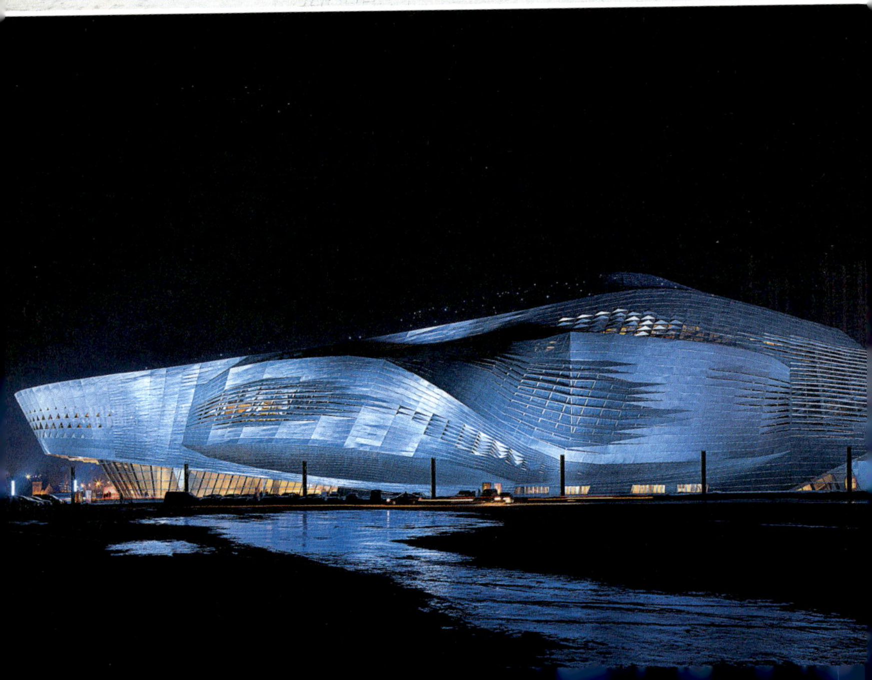

36 Tragen Gebäude Strümpfe?

In historischer Umgebung sollten neue Gebäude einen Mittelweg zwischen der Architektur der Vergangenheit und der Gegenwart finden. Für eine neue Galerie im nördlichen Teil von Seoul schufen die Architekten einen weißen Kubus, der für die innen präsentierte Kunst ideal war, aber zwischen den historischen Bauwerken ringsum zu starr wirkte. Die Lösung war ein kleiner Garderobenwechsel: Gehüllt in ein anschmiegsames Kettenhemd, verwandelt sich der weiße Kubus mit dem Licht, das auf seiner Oberfläche spielt, und harmoniert auf diese Weise besser mit den umgebenden Gebäuden.

Ein gutgekleidetes Gebäude wirkt nie fehl am Platze.

Kukje Gallery
Seoul, Südkorea

Solid Objectives –
Idenburg Liu

37 Kann Architektur aus dem Weltall kommen?

Die schnell wachsende Stadt Dalian beauftragte Architekten, ein Zentrum für Konferenzen, Theater und Oper zu bauen, das zugleich als augenfälliges Wahrzeichen der Stadt dient – ein Bauwerk, das zum Symbol der örtlichen Gemeinde wird und ein internationales Publikum begeistert. Das Ergebnis ist im Grunde selbstreferentiell; es ist, als sei ein außerirdisches Raumschiff gleich neben dem Hafen von Dalian gelandet. Das Gebäude versucht gar nicht erst, sich auf andere Bauwerke zu beziehen, es schaut allein in die Zukunft. Es ist ein Symbol der Hoffnung auf das, was die Stadt werden kann: ein Ort, der durch Besucher, Wirtschaft und Kultur Aufschwung erfährt.

Architektur sagt die Zukunft nicht voraus; sie schafft die Zukunft.

Dalian International
Conference Center
Dalian, China

Coop Himmelb(l)au

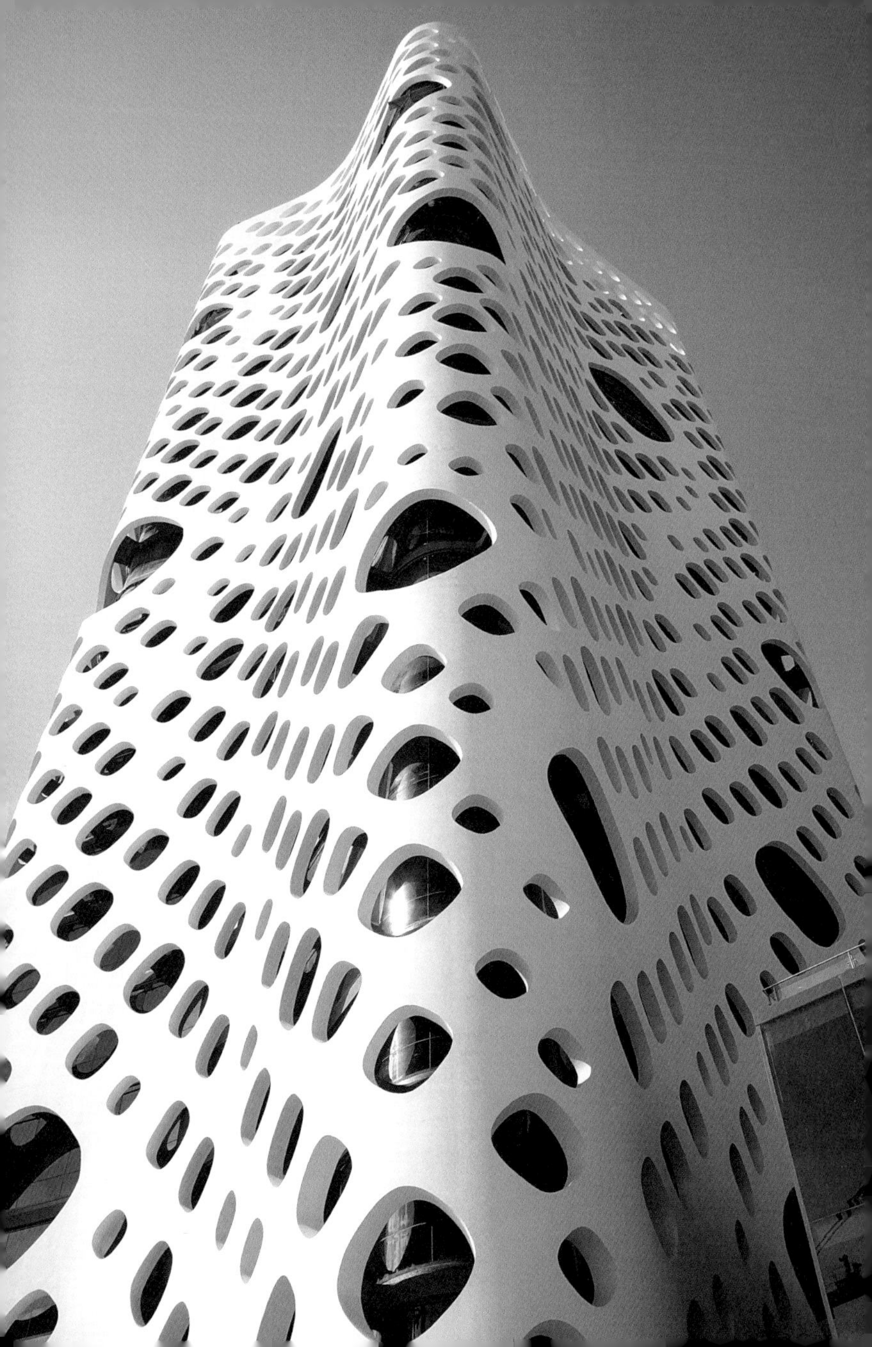

38 Was, wenn ein Bürogebäude sein Innerstes nach außen kehrt?

Bürodesign kann problematisch sein. Säulen und Rohre stehen häufig dem vielgepriesenen »Großraumdesign« im Wege, das sich seinerseits nicht mit Zellenbüros und Konferenzräumen verträgt. Nicht so im O-14, einem Bürohochhaus, das ringsum von einer tragenden Wand aus weißem Beton gestützt wird, die in rund einem Meter Abstand von den Fenstern die Last des Gebäudes trägt. Das bedeutet, dass es im Rauminnern keine Säulen gibt. Die tragende Wand erzeugt einen Kamineffekt, der heiße Luft vom Gebäude abziehen lässt (in der Hitze von Dubai durchaus sinnvoll), und mit 1326 Öffnungen in fünf verschiedenen Formen, die kunstvoll über die gesamte Länge des Gebäudes verteilt sind, gibt sie ein elegantes Statement über diesen neuen Typus des Wolkenkratzerdesigns ab.

Beim Blick auf Strukturen ist nicht alles Käse.

O-14
Dubai, Vereinigte Arabische Emirate

Reiser + Umemoto

39 Kann Glanz mehr sein als Glamour?

Als man diese 40 Jahre alte Villa in Apartments umbaute, drohte sie ihre ganz eigene visuelle Identität zu verlieren. Um sie zu bewahren und die Umgebung noch besser zu würdigen, umgaben die Architekten das bestehende Gebäude mit einer reflektierenden Außenwand. Diese verspiegelte Wand schützt das Haus vor der grellen Sonne und lässt die dahinterliegenden Wohnungen durch ihr einheitliches, durchgehendes Material, das die schöne Landschaft widerspiegelt, zu einer Einheit werden.

Spieglein, Spieglein ist die Wand.

Trevox 223,
Mehrfamilienhaus
Naucalpan, Mexiko

Craft Arquitectos

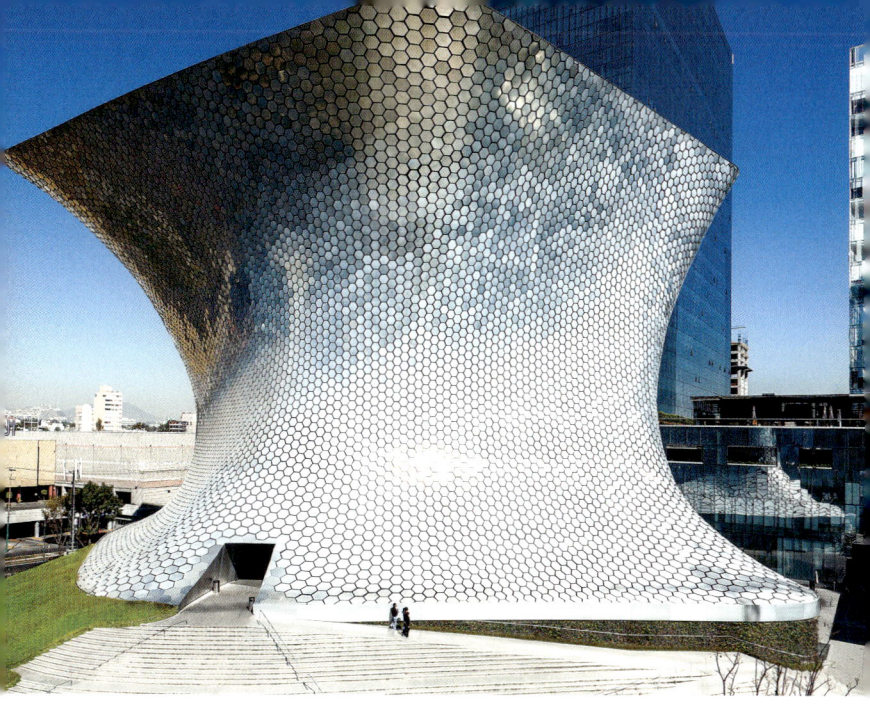

40 Ist hübsch ein Gemeinbedarf?

Falls Sie sich fragen, wie man diese Form nennt: Es handelt sich um einen gedrehten Rhombus. 16 000 wabenförmige Platten bilden die schimmernde, reflektierende Haut dieser organischen Struktur, eines Kunstmuseums, das eine Sammlung von Skulpturen Rodins beherbergt. Das Muster verweist auf die traditionellen Häuserfassaden in Mexiko-Stadt mit ihren Keramikfliesen aus der Kolonialzeit. Wie diese Gebäude wandelt sich sein Erscheinungsbild je nach Wetter und dem Blickwinkel des Betrachters und wird so selbst zu einer Skulptur.

Ein Museum kann genauso wichtig sein wie die Kunst in seinem Innern.

Museo Soumaya
Mexiko-Stadt,
Mexiko

FR-EE Fernando
Romero EnterprisE

41 Kann Architektur eine olympische Disziplin sein?

Skispringen ist eine todesverachtende Sportart; die Athleten riskieren Leib und Leben, um sich aus unglaublichen Höhen in die Lüfte zu schwingen. Der Berg Holmenkollen in Norwegen war Schauplatz der legendärsten Sprünge des letzten Jahrhunderts, und kürzlich hat ein internationaler Wettbewerb, aus dem ein neues Sportgelände mitsamt Sprungschanze hervorgegangen ist, seinen Ruf noch weiter gesteigert. Die Sprungschanze aus Edelstahlgeflecht und mit einer Auskragung von 70 Metern ist die modernste ihrer Art und steht dank ihrer spektakulären Bauweise immer im Mittelpunkt der Aufmerksamkeit.

Architektur verleiht Flügel.

Sprungschanze
Holmenkollen
Oslo, Norwegen

JDS Architects

42 Kann man Architektur verpixeln?

Dieser schlichte Kubus wirkt durch eine Fassade aus quadratischen Paneelen in zehn Farben komplexer – wie ein pixelartiges Bild. Das verspielte Design bricht die Form des Verwaltungsgebäudes auf und erfüllt zugleich die schwierige Aufgabe, die geheime Forschung und Entwicklung des Technikunternehmens im Innern zu verbergen.

Architektur kann Geheimnisse hüten.

Frog Queen
Graz, Österreich

Splitterwerk

43 Kann Gestein fließen wie ein Fluss?

Inspiriert von der Geomorphologie des uralten Flussbetts in jener Region von Louisiana, bahnt sich dieses skulpturhafte Foyer eines Museums aus 1100 Kunststeinplatten einen Weg zu den inneren Galerien. Die Platten wurden in einem maßgeschneiderten Automatisierungsverfahren entworfen und hergestellt.

Technologie ist die neue Alchemie, die Steine in Wasser verwandelt.

Louisiana State Museum and Sports Hall of Fame
Natchitoches, Louisiana, USA

Trahan Architects

44 Haben wir eine völlig falsche Auffassung von Fenstern?

Die Franzosen sprechen von Brise Soleil (»Sonnenbrecher«); in der orientalischen Architektur heißen sie Muxarabi. Fenstergitter aus Holz sind weltweit beliebt, weil sie etwas exzentrisch wirken und bei heißem Wetter zuverlässig für Schatten sorgen. In einem Wohnhaus in São Paulo schirmen zwei riesige hölzerne Vorhänge das Heim einer jungen Familie ab; sie lassen die Luft durchströmen und schaffen zugleich inmitten anderer Häuser ein privates Refugium. Das Beste aber ist das Geheimnisvolle, das dieses scheinbar »fensterlose« Haus umgibt.

Jedes architektonische Element steht der Innovation offen.

BT House
São Paulo, Brasilien

Studio Guilherme Torres

45 Warum können Wände nicht unsichtbar sein?

Dies ist ein Museum für eine Glaskunstsammlung, und seine Architekten kamen zu dem Schluss, dass ein Gebäude für Glas auch aus Glas bestehen sollte. Der solide Boden und das solide Dach scheinen wie durch Zauberhand übereinander zu schweben.

Die kühnste Architektur ist manchmal kaum zu sehen.

Glaspavillon des
Toledo Museum
of Art
Toledo, Ohio, USA

SANAA

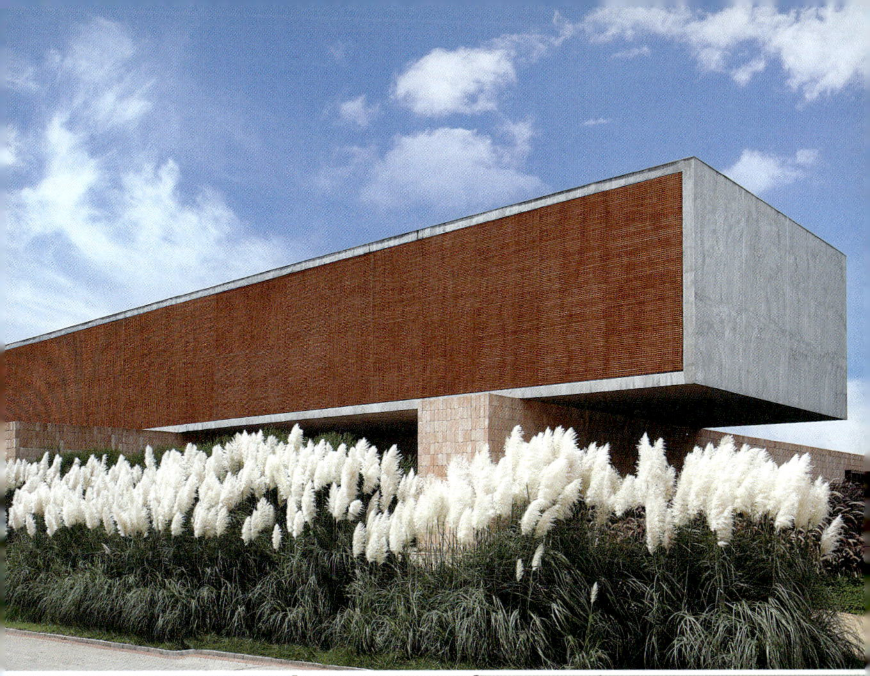

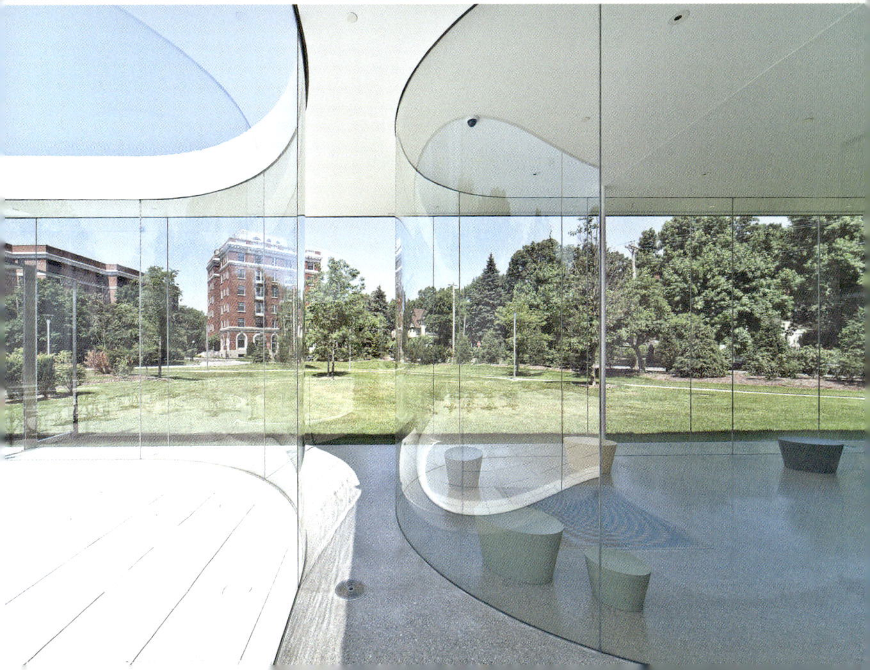

46 Kann eine Bibliothek ein Berg sein?

Die Analphabetismusrate in der niederländischen Stadt Spijkenisse beträgt beträchtliche zehn Prozent. Darum startete die Stadt eine Art architektonische Werbekampagne für Bücher. In der Nähe des Marktplatzes wurden Bücherregale von insgesamt 480 Metern Länge und entsprechende Lese- und Gastronomiebereiche in Form einer Pyramide übereinandergeschichtet. Glasfassaden geben den Blick auf den Bibliotheksbestand frei und laden die Passanten zum Hereinkommen ein.

Auch vertraute Gebäude können uns immer noch überraschen.

Stichting Openbare Bibliotheek Spijkenisse, Niederlande

MVRDV

47 Muss ein Gebäude hoch sein, um die Skyline zu verändern?

In Europa gruppieren sich Wohnhäuser um Innenhöfe; in Manhattan streben sie gen Himmel. West 57th vereint beides in sich: Seine Wände schaffen ein geschütztes grünes Fleckchen für die Bewohner, ohne dass diese auf den weit schweifenden Panoramablick, den ein Wolkenkratzer bietet, verzichten müssen. Bei einer Höhe von fast 140 Metern lässt das Gebäude dank seiner Form viel Sonnenlicht ins Innere des Komplexes fallen, während die Nachbarn nach wie vor die Aussicht auf den Hudson River genießen.

Ein Wohnturm muss nicht selbstbezogen sein
(und auch kein Turm).

West 57th
New York, New York,
USA

BIG Bjarke Ingels
Group

48 Kann Glas eine Festung sein?

Dieses Konzerthaus besteht aus einer Ansammlung von filigranen Kristallen, die direkt an Reykjaviks wilder Küste thront. In Kooperation mit dem Künstler Olafur Eliasson entstand die Südseite des Gebäudes aus 823 »Quasi-Ziegeln« – stapelbaren zwölfseitigen Modulen aus Stahl und zehn verschiedenen Glasarten, die wie Fischschuppen schimmern. Sie bilden jedoch keineswegs nur eine hübsche Fassade; die Glasziegel halten Geräusche ab, um die Aufführungen drinnen nicht zu stören. Die Stärke des Glases und die Struktur des Gebäudes machen es nahezu unangreifbar für den Aufruhr der Elemente um es herum.

Manche Materialien haben verborgene Kräfte.

Konzert- und Konferenzhaus Harpa Reykjavik, Island

Henning Larsen Architects mit Batteriið Architects, Rambøll Group und ArtEngineering sowie Olafur Eliasson

49 Kann Licht ein Lagerhaus erwärmen?

Ein Lagerhaus ist ein Lagerhaus ist ein Lagerhaus, stimmt's? Nun, nicht, wenn es so aussieht wie hier! Die für KOP Warehouses zuständigen Architekten ersetzten Wellmetall durch gewellte transparente und lichtdurchlässige Kunststoffplatten, um Licht herein- und hinauszulassen. Das Ergebnis ist eine simple Abwandlung des herkömmlichen Lagerhauses und der Beweis, dass jeder Gebäudetyp eine Chance auf Innovation hat.

Ein findiger Architekt kann aus einem Klumpen Kohle ein Juwel machen.

KOP Warehouses
Puurs, Belgien

URA

50 Kann sich ein Wolkenkratzer bücken?

Die neue Zentrale der China Central Television (CCTV) vereint alle Komponenten der Fernsehprogrammgestaltung – Verwaltung, Produktion, Senden – in einer einzigen Schleife miteinander verknüpfter Tätigkeiten. Die Gebäudeform bietet eine Alternative zum herkömmlichen Wolkenkratzer; im Innern lädt sie zur Zusammenarbeit ein und ermöglicht der Öffentlichkeit in bisher ungekanntem Ausmaß Zugang zu Chinas Medienproduktionssystem.

Neues öffentliches Engagement kreiert neue Formen.

Zentrale der China Central Television
Peking, China

OMA

51 Können Balkone Wellen schlagen?

Architektonische Innovation kann Unmengen an Zeit und Ressourcen verschlingen, bis sie Wirklichkeit wird. Zuweilen jedoch verbirgt sich die Lösung in den kleinsten Details. Unter seinem wallenden Äußeren ist dieses 82-geschossige Hotel und Apartmentgebäude nichts weiter als ein ganz normaler rechteckiger Wolkenkratzer. Doch als es daran ging, die Balkone zu gestalten, entpuppte sich der Architekt als Bildhauer und schuf kurvige und unterschiedlich tiefe Plattformen, die bis dreieinhalb Meter aus dem Gebäude herausragen. Aus der Entfernung erzielen diese kleinen Unterschiede eine spektakuläre Wirkung – über der Skyline von Chicago wogt eine sinnliche Wolke.

Die Chance steckt im Detail.

Aqua Tower
Chicago, Illinois, USA

Studio Gang Architects

52 Wie teuer ist interessant?

Ein Grundstück an einer belebten Kreuzung in São Paulo bot den Architekten die Gelegenheit, der Stadt ein neues Wahrzeichen zu schenken – und das unter Nutzung traditioneller Baumaterialien und -verfahren, um die Kosten niedrig zu halten. Die scheinbar zufällig angeordneten Balkone sind in Wirklichkeit nur Verlängerungen der Bodenplatten. Das verleiht dem Design Komplexität und Charakter, ohne das Budget zu sprengen.

Innovative Architektur kann eine Stadt ohne Mehrkosten aufwerten.

Top Towers
São Paulo, Brasilien

Königsberger Vannucchi Arquitectos

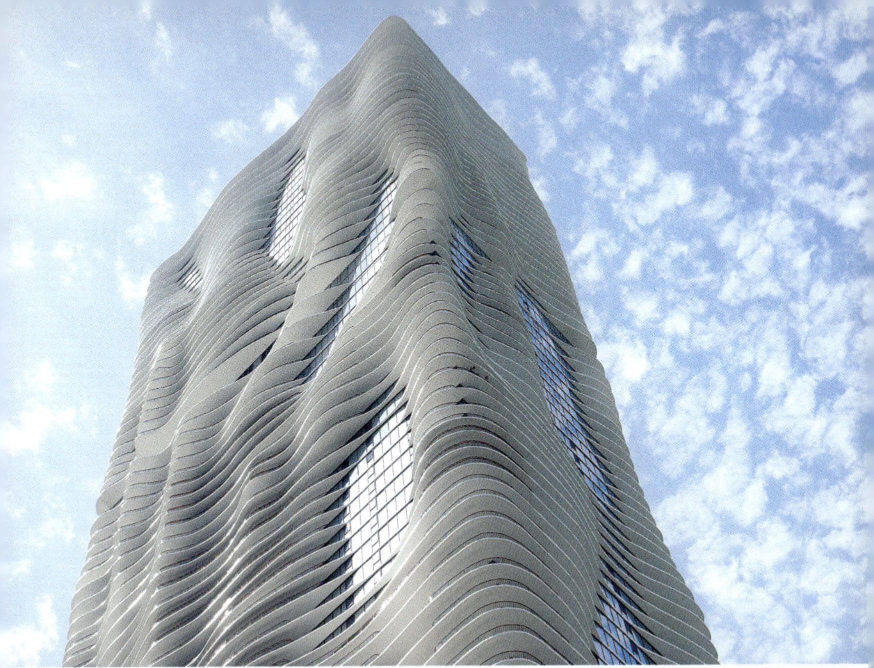
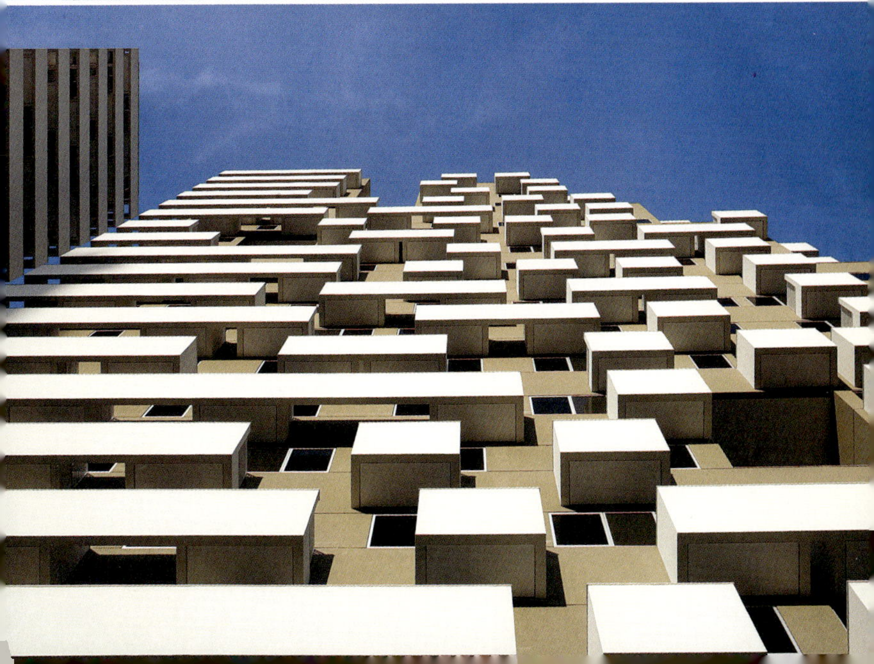

DRIVE

Es gibt über eine Milliarde Autos auf der Erde.
Sie müssen irgendwohin.

GAS

**Manchmal genügt es schon,
einfach etwas Schönes zu schaffen.**

Tankstelle
Matúškovo, Slowakei

Atelier SAD

Hier braucht man nichts zu verstecken.
Das Parkhaus ist ein formschönes Aushängeschild,
das stolz auf seine Funktion ist.

Parkhaus für die Tiroler
Festspiele Erl
Erl, Österreich

Kleboth Lindinger Dollnig

Fassade eines
mehrstöckigen Parkhauses
Skopje, Mazedonien

PPAG architects

Hier wurde eine Collage aus Fotos von
Wien in ein vierschichtiges Design übertragen, um diesem Parkhaus eine barocke
Fassade moderner Prägung zu verleihen.

Eine Hülle aus recyceltem rostfreien Stahl umschließt die erste Tankstelle der USA, die nach dem LEED-System (Leadership in Energy and Environmental Design) zertifiziert wurde.

Helios House
Los Angeles, Kalifornien, USA

Office dA, Johnston Marklee und BIG –
Bjarke Ingels Group

Dies ist eine Tankstelle, ein Restaurant, ein öffentlicher Park und ein spiegelndes Wasserbecken. Denn warum sollten Tankstellen den Reisenden nicht alle Annehmlichkeiten bieten?

Tankstelle und McDonald's

Batumi, Georgien
Giorgi Khmaladze Architects

Mit Natur bauen

Die Natur beeinflusst das Baudesign immer stärker – Bäume weisen uns die Richtung, statt von uns überrollt zu werden. Die neue Architektur entdeckt innovative Möglichkeiten, um natürliche Landschaften in, auf und um Gebäude zu integrieren.

53 Kann man in einem Felsen wohnen?

Mit einem Eingang und einem Badezimmer, die vollständig aus einem Felsen herausgeschlagen wurden, ist The Pierre (französisch für »Stein«) ein Haus, das die zerklüftete Landschaft seines Standorts feiert. Gestein durchdringt die gesamte Struktur – ausgegrabene Felsbrocken wurden sogar zermahlen und in den Betonfußboden gemischt – und beim Bau kamen Dynamit, hydraulische Meißel, Drahtsägen und Handwerkszeug zum Einsatz. Statt diesen Prozess zu verbergen, wurden bewusst Spuren hinterlassen, um ihn deutlich hervorzuheben.

The Pierre
San Juan Islands, Washington, USA

Olson Kundig Architects

Vielleicht waren die Höhlenmenschen auf der richtigen Spur.

54 Kann man auf einem Felsen wohnen?

Eine im Laufe von einigen Wochenenden erbaute Hütte aus geschwärztem Holz wird von einem Felsbrocken in die Höhe gewuchtet. Drinnen wandelt sich die Schräge zu großen Stufen, die gleichermaßen als Sitz- und Schlafbereiche dienen und darunter Stauraum bieten.

Tiny Timber Forest Retreat
Böhmen, Tschechische Republik

Uhlik Architekti

Holprige Straßen haben auch ihre Vorteile.

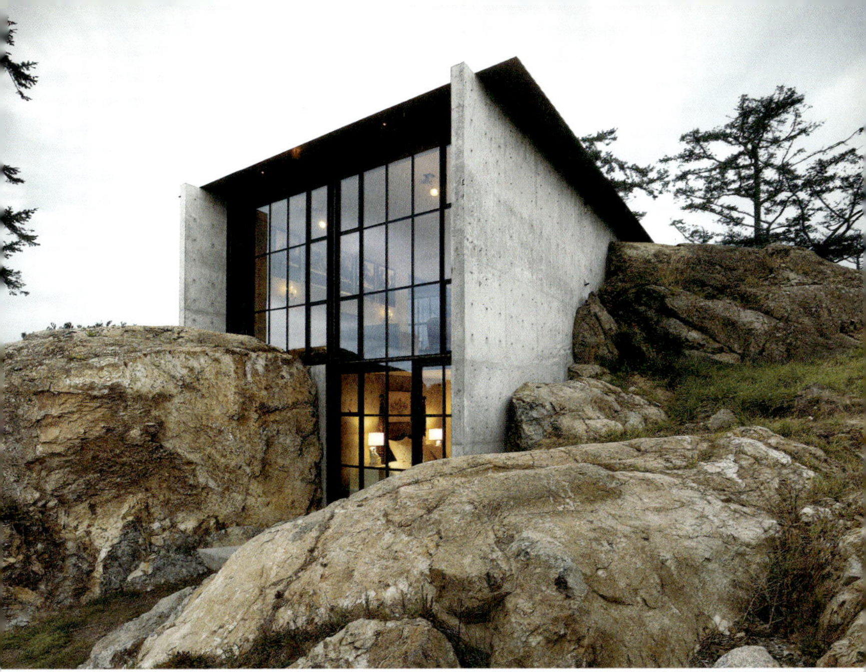

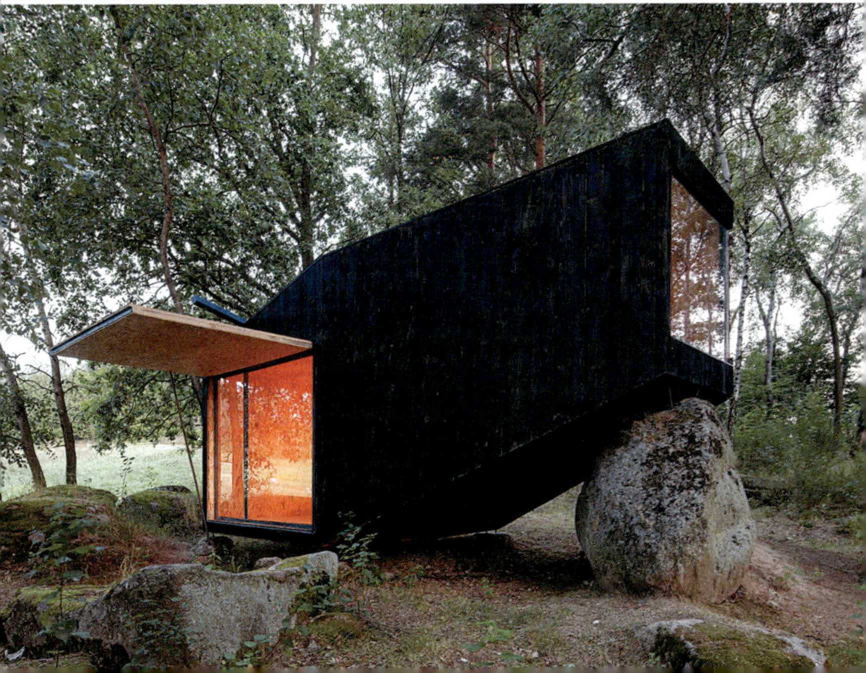

55 Sind Baumhäuser nur etwas für Kinder?

Ein Würfel mit exakt vier Metern Kantenlänge, der in halber Höhe an einem Baumstamm hängt, bietet einen abgeschiedenen Wohnraum mit genug Platz für zwei Personen. Seine verspiegelte Glasfassade lässt ihn mit seiner Waldumgebung verschmelzen, doch dank einer transparenten ultravioletten Beschichtung können Vögel ihn sehen und dadurch eine Kollision vermeiden.

Architektur kann einen Tarnanzug tragen.

Baumhotel
Harads, Schweden

Tham & Videgård
Arkitekter

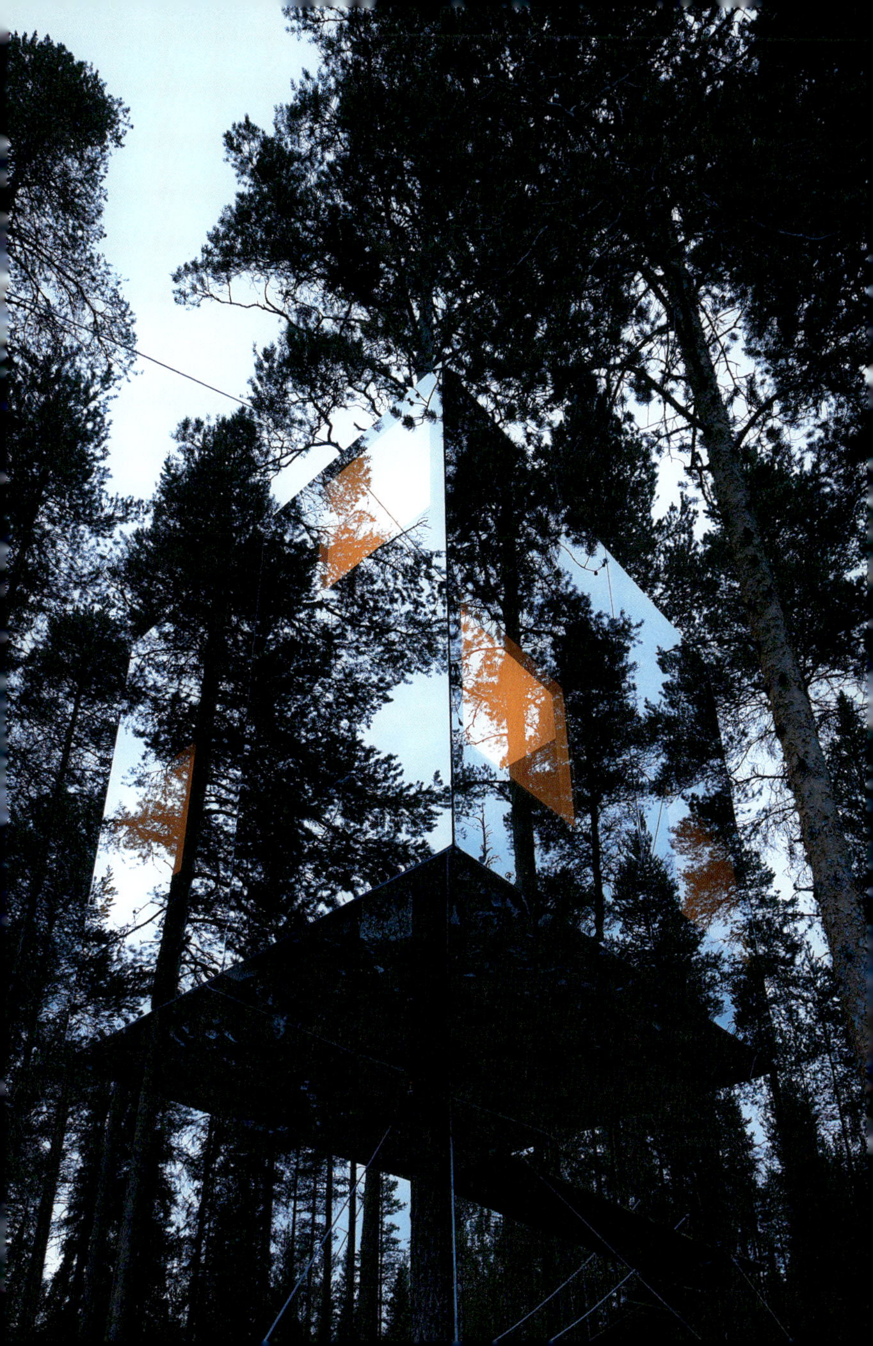

56 Kann Architektur einen Baum umarmen?

Seit jeher gehen Architekten der Frage nach, auf welche Weisen verschiedene Körper Räume durchmessen. In diesem Fall hat sich eine an den Rollstuhl gefesselte Frau gewünscht, dass ihr Heim den Garten umschließt. Mit dem Umbau von zwei Steincottages aus den 1830er Jahren ist die Natur in den Mittelpunkt ihres Familienlebens gerückt. Selbst von ihrem Rollstuhl aus kann sie den Blick auf stattliche Bäume genießen, die von ihrem Zuhause umgeben sind.

Design sollte alle Einschränkungen berücksichtigen.

Tree House
London,
Großbritannien

6a Architects

57 Kann aus einem Baumhaus ein Hausbaum werden?

Vietnams Tropenwälder sind dicht besiedelten Städten gewichen – weniger als 0,25 Prozent von Ho-Chi-Minh-Stadt sind baumbestanden. Damit die Bewohner wieder Zugang zur Natur finden, haben Architekten ein Haus in fünf Betonquader aufgeteilt und die Dächer jeweils zu riesigen Pflanzgefäßen umfunktioniert. Falls diese Idee Nachahmer findet, könnten die Grünflächen genügend Regenwasser auffangen und filtern, um Überflutungen in der ganzen Stadt einzudämmen.

Architektur kann einen grünen Daumen haben.

House for Trees
Ho-Chi-Minh-Stadt,
Vietnam

Vo Trong Nghia
Architects

58 Können neue Gebäude alte Tricks lernen?

Am Beginn des Entwurfs für dieses Besucherzentrum stand ein in Stein gekerbtes Motiv, das am früheren Siedlungsort einer handeltreibenden Zivilisation in Südafrika freigelegt wurde. Seine Freiform-Gewölbe wurden nach einem 600 Jahre alten Konstruktionsverfahren errichtet, das sowohl ökonomisch als auch ökologisch Verantwortung zeigt: Einheimische Arbeiter stellten die 200 000 gepressten Erdziegel im Zuge eines Armutsbekämpfungsprogramms her. Auch wenn die Gestaltung des Zentrums von der Vergangenheit inspiriert wurde, ist es im 21. Jahrhundert angesiedelt, mit modernen geometrischen Formen, die dem alten Schauplatz eine neue Topographie verleihen.

Moderne Konstruktionen können von alten Techniken lernen.

Mapungubwe Interpretation Centre
Mapungubwe National Park, Limpopo, Südafrika

Peter Rich Architects

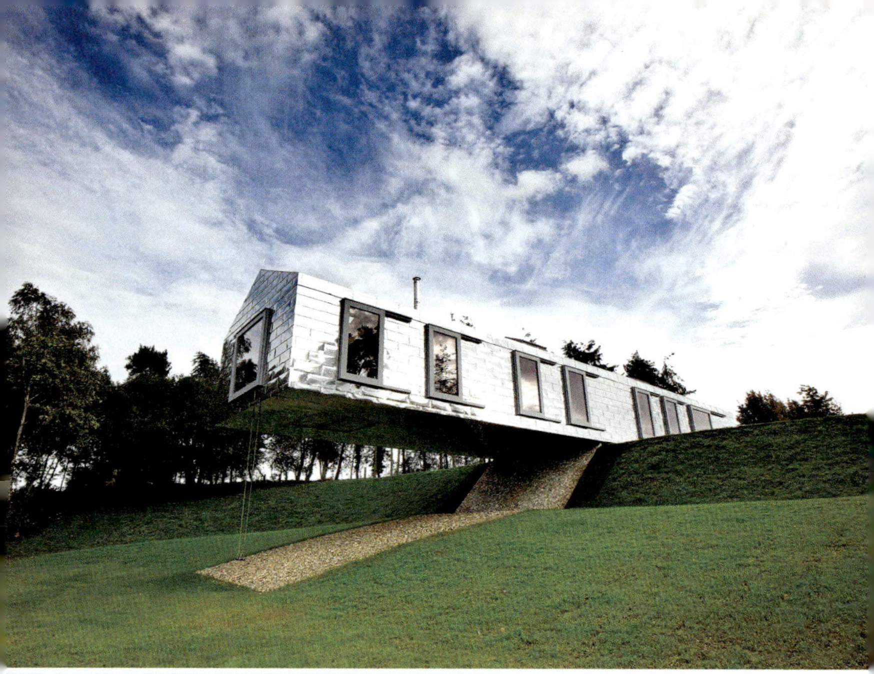

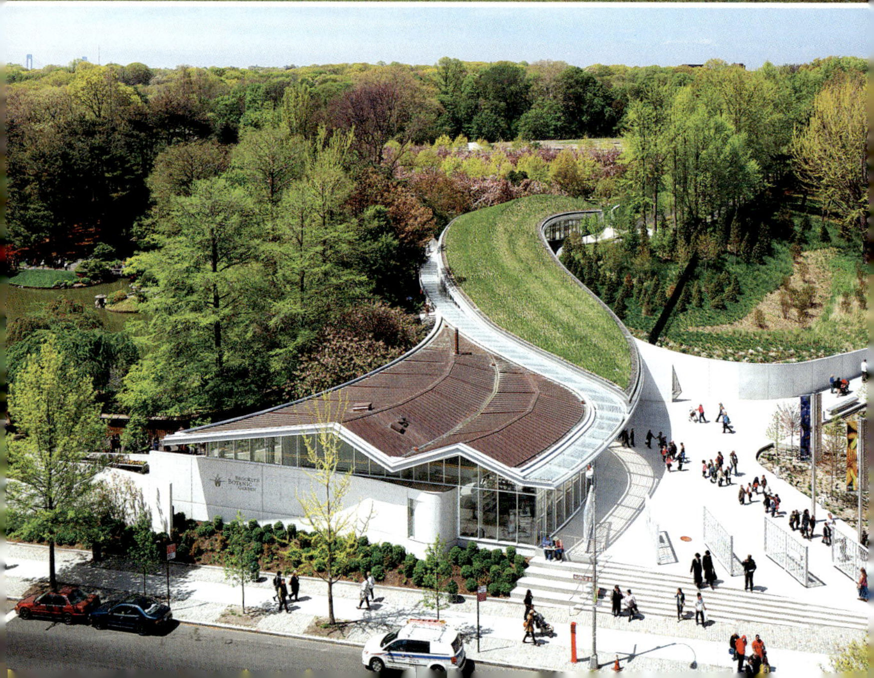
BOTANIC

59 Muss ausgewogene Architektur den Boden berühren?

Die Form dieses Hauses mag einer herkömmlichen Scheune nachempfunden sein, doch eine dramatische Auskragung von 15 Metern Länge, die es über dem Erdboden schweben lässt, macht es zu einem ganz und gar modernen Meisterstück der Architektur. Exakt die Hälfte des Gebäudes hängt in der Luft. Ermöglicht wird dies durch eine starre Struktur mit einem schweren Betonkern, wo die Scheune den Boden berührt. Unter der riesigen Auskragung hängt eine superlange Schaukel.

Strukturelle Innovation und ein solides Budget machen das Unmögliche möglich.

The Balancing Barn
Suffolk, Großbritannien

MVRDV

60 Kann ein Rasen mehr als eine Zierde sein?

Dieses Gebäude ist ein Tor zwischen der belebten Stadt und der Stille der botanischen Gärten in Brooklyn. Aus diesem Grunde ist es halb Bauwerk, halb Landschaft. Und sein Dach ist mehr als nur ein hübsches Detail – es ist mit einem System verbunden, das Regenwasser sammelt, um die natürliche Filterung zu unterstützen, und dient als Attraktion, die Tausende Besucher in den Garten lockt.

Verantwortungsvolle Architektur lässt uns zur Natur zurückfinden.

Brooklyn Botanic Garden,
Besucherzentrum
Brooklyn, New York, USA

Weiss/Manfredi

61 Kann Gras eine Stadt bemalen?

Diese fünf Stockwerke hohe grüne Wand beherbergt 7600 Pflanzen aus 237 Arten und verwandelt damit eine historische Ecke in Paris in ein Stück lebendige Architektur. Auf einer zunächst rohen Betonwand installierte der Designer eine Konstruktion aus Metall, PVC und einem biologisch nicht abbaubaren Filz, die die Gebäudesubstanz schützt und zugleich ermöglicht, dass Pflanzen ohne Erde daran wachsen können. Ein eingebautes Bewässerungssystem lässt die Wand wachsen und gedeihen und stellt sicher, dass sie die Stadtlandschaft über Jahre hinaus verändert.

L'Oasis d'Aboukir, grüne Wand
Paris, Frankreich

Patrick Blanc

Pflanzen erhalten historische Architektur am Leben.

62 Wird die Stadt der Zukunft ein lebender Organismus sein?

In diesen phantastisch anmutenden Darstellungen (erstellt für den Wettbewerb »City of the Future« des History Channel) werden Pflanzen zu Energieerzeugern, die die natürliche Sonnenenergie nutzbar machen, um eine ganze Stadt mit Strom zu versorgen. Während die Pflanzen heranwachsen, ergreifen sie allmählich Besitz von der Stadt und verwandeln sie in einen hybriden Ort – teils Stadt, teils Wald. Darüber spannt sich ein Baldachin aus biologisch vergrößerten Pflanzen, die von der Sonne Energie und aus den Wolken Wasser gewinnen. Bei offener, vorstädtischer Bebauung bleibt der Baldachin niedrig, in den dichtbesiedelten Relikten großstädtischer Zentren strebt er in die Höhe.

MEtreePOLIS (Entwurf)
Atlanta, Georgia, USA

Hollwich Kushner (HWKN)

Stadtplanung trifft auf das Gesetz des Dschungels.

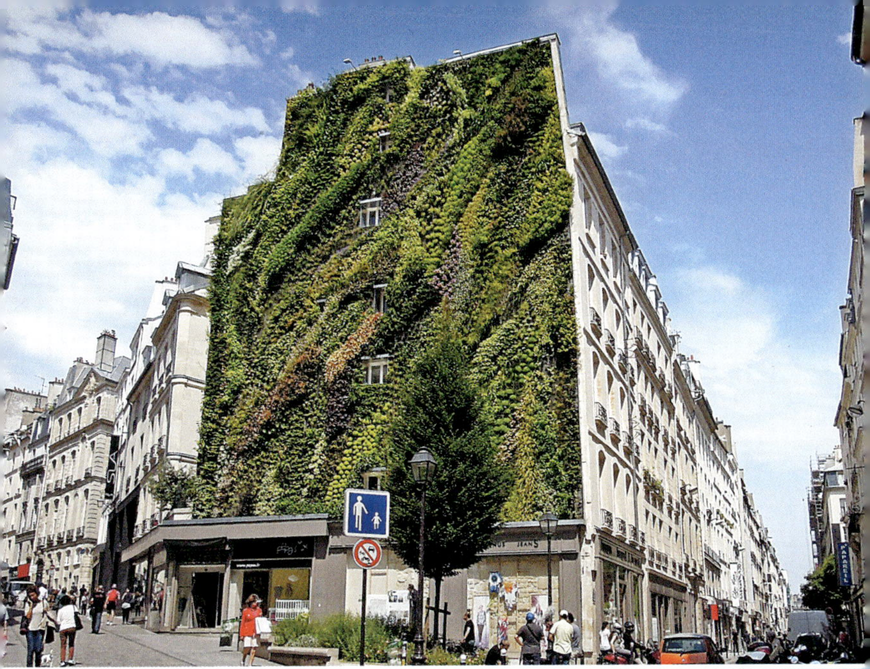

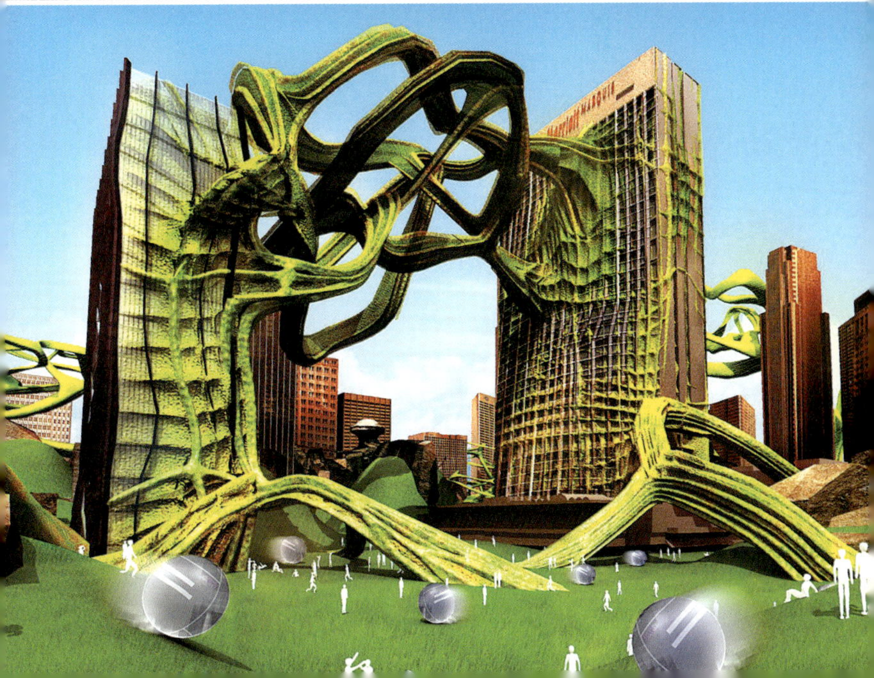

Schutz vor dem Unwetter

Klima- und Wetterwandel bedeuten Gefahr – und eine Chance – für unsere gebaute Umwelt. Bei der Abwehr von Naturkatastrophen steht die Architektur oft an vorderster Front. Sie kann sich aber auch die Natur zunutze machen, damit die Menschen ihr die Stirn bieten können. Nun, da wir alle zehn Jahre mit Jahrhundertstürmen zu rechnen haben und der Energiebedarf exponentiell wächst und sich wandelt, braucht die Welt eine Architektur, die auf die Natur in all ihren Facetten eingeht.

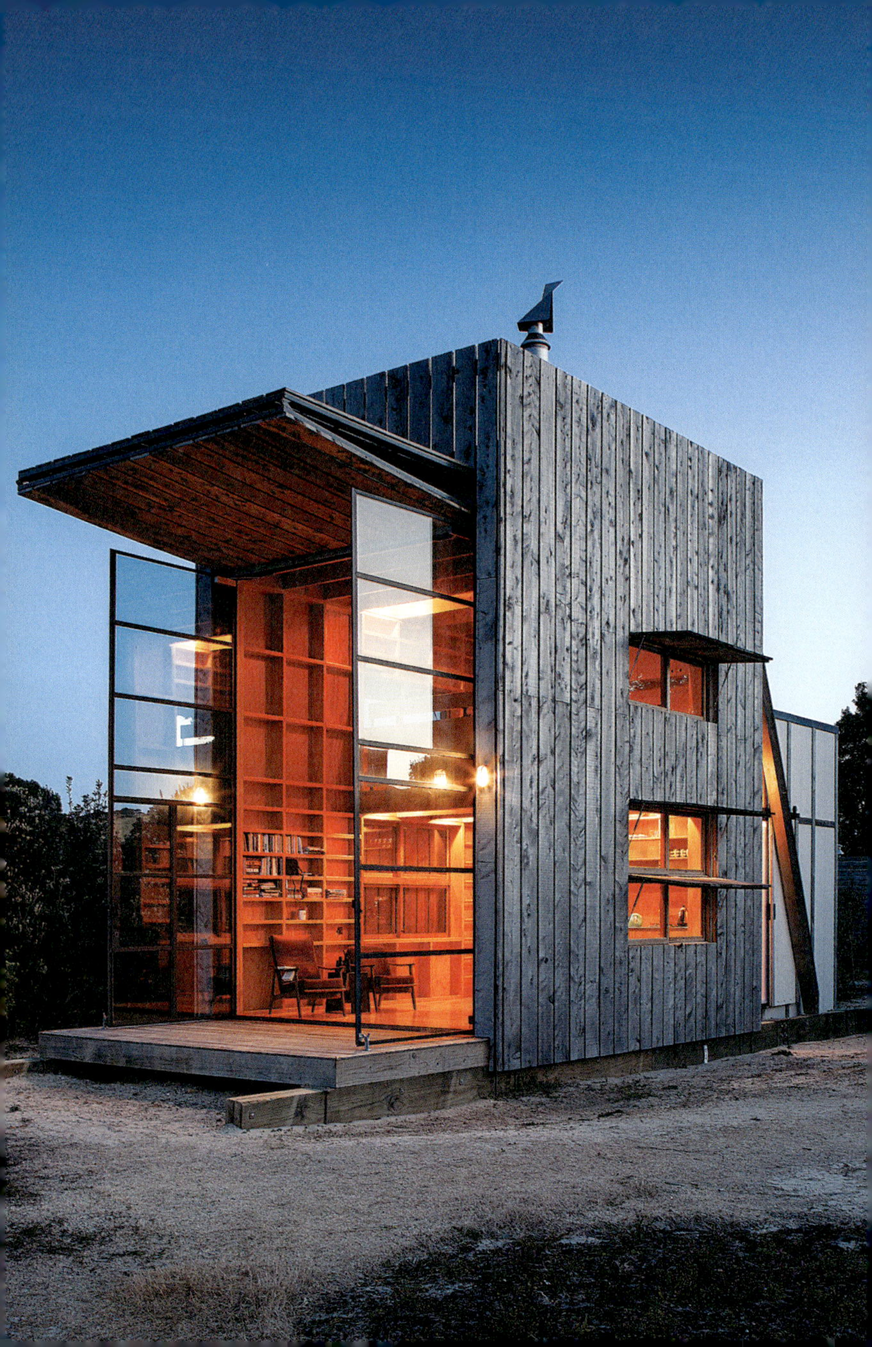

63 Kann sich Architektur vor einem Sturm in Sicherheit bringen?

Um von den unausweichlichen und immer stärkeren Stürmen nicht zerstört zu werden, müssen Bauwerke in der Küstenerosionszone der Coromandel-Halbinsel transportabel sein. Dieses Haus versteht die Notwendigkeit als spielerische Herausforderung an das Design. Die Konstruktion ist gewissermaßen mit einem hölzernen Zelt zu vergleichen – ein zwei Etagen hoher Klappladen lässt sich mit einer Winde hochfahren, um ein schützendes Vordach zu bilden, und schließt sich, um das Haus bei rauem Wetter abzuschirmen. Auf ihren zwei Kufen lässt sich die Hütte in den hinteren Bereich des Grundstücks ziehen oder auch über den Strand zu einem Lastkahn, falls sie an einen ganz anderen Standort gebracht werden soll.

Hütte auf Kufen
Whangapoua, Neuseeland

Crosson Clarke Carnachan Architects

Die Erde ist einem Wandel unterworfen –
dem sollte sich die Architektur anpassen.

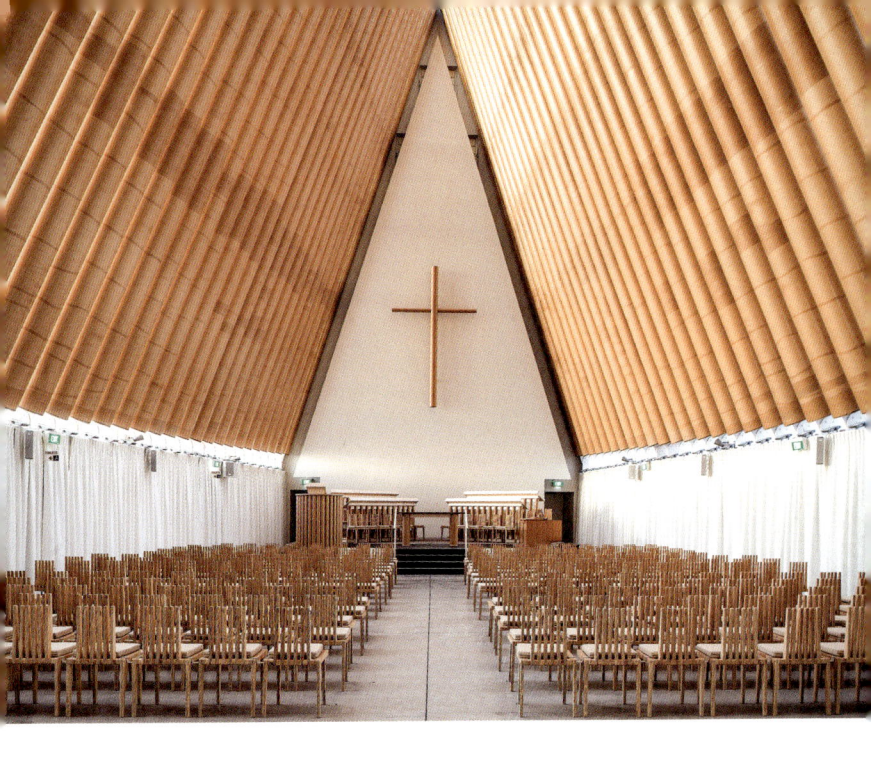

64 Können wir unser Seelenheil in Pappröhren finden?

Nachdem Christchurch auf Neuseeland durch ein Erdbeben verwüstet worden war, trauerten die Einwohner nicht nur um ihre Toten, sondern auch um den Verlust ihrer zentralen Kathedrale. Daraufhin schuf ein Architekt ein Werk der »Notfallarchitektur« – eine in kürzester Zeit errichtete Kathedrale aus Kartonagenröhren, Containern und einer leichten Polykarbonathülle. Die Konstruktion könnte nicht simpler sein. Das Resultat ist erhaben.

Der Wiederaufbau nach einer Katastrophe ist ein Moment für Genialität.

Cardboard Cathedral
Christchurch,
Neuseeland

Shigeru Ban

65 Kann uns eine grüne Infrastruktur Superkräfte verleihen?

Dieses Wasserkraftwerk erzeugt 10,5 Millionen Kilowatt Energie (genug Strom für 3000 Haushalte), doch das ist nicht seine beeindruckendste Leistung! Erstaunlich an diesem Bauwerk ist, wie gut die Architekten die Umwelt in das Projekt einbezogen haben. Sie berücksichtigen Lärmbelästigung, Fußwege und sogar die Wanderrouten der Fische. Mit seiner organischen Gestalt ist das Kraftwerk mehr als bloße Infrastruktur – es ist eine arbeitende öffentliche Skulptur, die in der Stadt hohe Wertschätzung genießt.

Energie kann mehr sein als Stromerzeugung.

Wasserkraftwerk Kempten, Deutschland

Becker Architekten

66 Kann spielerisch auch praktisch sein?

Die Qualität unserer Luft wird, vor allem in städtischen Bereichen, immer schlechter. Wer könnte uns da helfen? Vielleicht Wendy. Wendy besitzt eine maximale Oberfläche, um möglichst viel ihrer mit Titan-Nanopartikeln beschichteten Haut der Umwelt auszusetzen. Jeder Quadratzentimeter dieser Oberfläche filtert CO_2 aus der Luft – insgesamt entspricht die Menge dem Ausstoß von 250 Autos. Das Beste an Wendy ist ihre Persönlichkeit: Sie ist groß und blau und stachlig, sie versprüht Wasserfontänen und sie hat einen Namen. Das Projekt war sowohl ein soziales als auch ein ökologisches Experiment.

Architektur kann eine Persönlichkeit haben und die Erde bewahren helfen.

Wendy (2012 Sieger des MoMAPS1 Young Architects Program)
Queens, New York, USA

Hollwich Kushner (HWKN)

MoMA PS1
P.S.1
THE INSTITUTE FOR CONTEMPORARY ART
ONE WAY
WEST
25A
MODERN
RENTALS

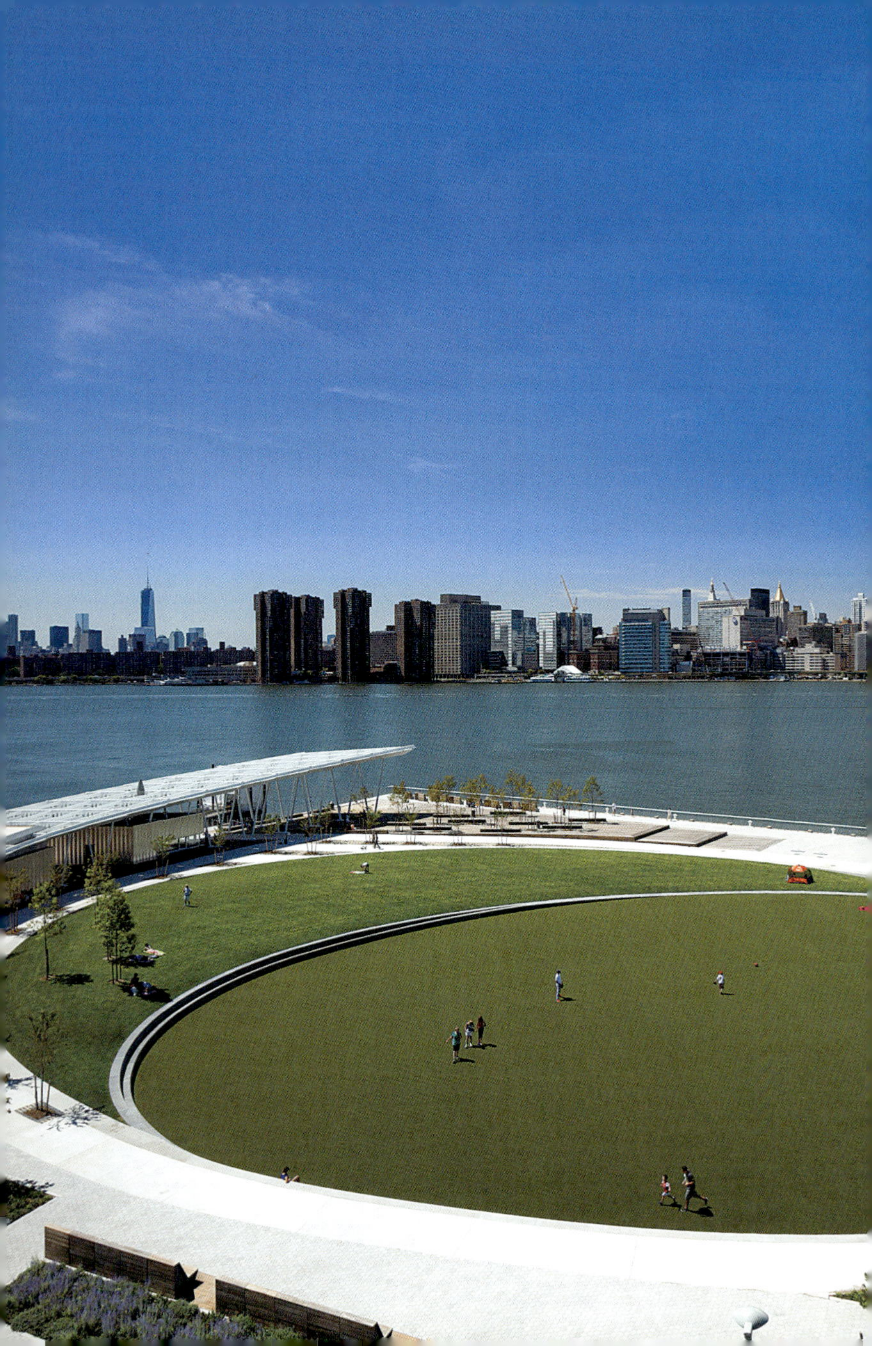

67 Kann sich Design für eine Katastrophe rüsten?

Der am Küstenstreifen gelegene Sport- und Spielpark von Hunter's Point war vor 200 Jahren noch ein Sumpfgebiet und wird bei Sturm oft überflutet. Um dem vorzubeugen, taten sich Architekten und ein Ingenieurteam zusammen; das tiefliegende ovale Ballspielfeld ist für Überflutungen konzipiert und dient als Ausgleichsfläche für den übrigen Park und den dahinterliegenden Wohnbezirk. Diese Stufenstrategie opfert im Falle eines Unwetters bewusst das Spielfeld, um die schwerer ersetzbare Infrastruktur und Häuser zu schützen.

Architektur hilft, bei einer Katastrophe Prioritäten zu setzen.

Hunter's Point South Park
Queens, New York, USA

Thomas Balsley Associates und Weiss/Manfredi

68   Kann uns Architektur vor der Apokalypse retten?

Dies ist gewissermaßen ein Tresor für das Saatgut der Welt. In einem Berg auf einer entlegenen Insel zwischen Norwegen und dem Nordpol bietet diese topmoderne Lagerstätte im Falle einer menschengemachten oder naturgegebenen Katastrophe einen ausfallsicheren Schutz für Kulturpflanzen, wie Wissenschaftler meinen. Unter massivem Gestein und Permafrostboden bleibt die Sammlung von Millionen »Backup«-Samenproben selbst bei einem Stromausfall gefroren und sichert so auf Jahrhunderte den Saatvorrat.

Give peas a chance.

Svalbard Global Seed Vault
Longyearbyen, Norwegen

Barlindhaugkonsernet

69   Kann Architektur ein Schwamm sein?

New York muss viel in Wiederaufbau investieren, nachdem Hurrikan Sandy im Jahr 2012 die küstennahen Wohngebiete verwüstete. Sechs ausgewählte Planungsteams sollen innovative Möglichkeiten entwickeln, die Region vor künftigen Unwettern zu schützen. Die Pläne umfassen ausgedehnte Böschungsabsätze (Bermen), die das südliche Manhattan vor einer Sturmflut abschirmen sollen – und zugleich neue Erholungsräume schaffen –, sowie eine grüne Infrastruktur, die den Wasserüberschuss speichert und Überflutungen verhindert. Dargestellt ist hier das Big U, ein Gürtel aus grünen Bermen und Landschaften, die die Fluten auffangen.

Schlimme Ereignisse können uns inspirieren, Gutes zu tun.

The Big U (Sieger des Wettbewerbs Rebuild by Design) (Entwurf)
New York, New York, USA

BIG Team, Interboro Team, MIT CAU + ZUS + Urbanisten, OMA, PennDesign/OLIN, SCAPE/LANDSCAPE ARCHITECTURE

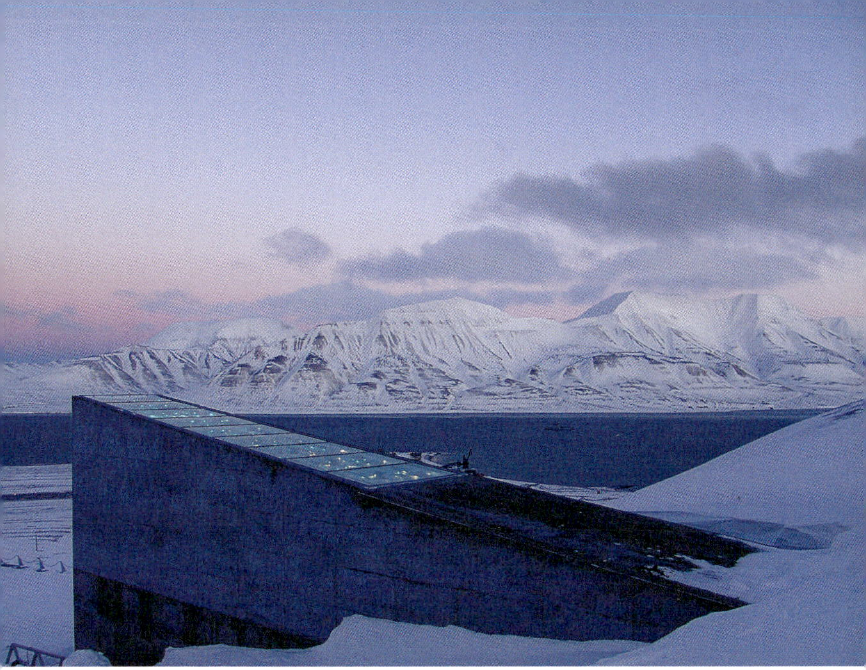

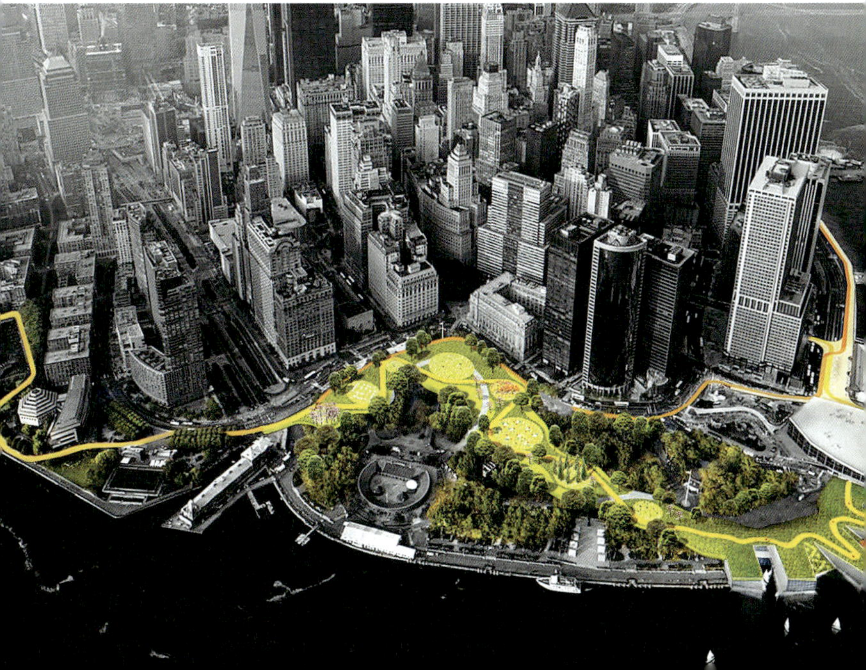

70 Wie viele Aufgaben kann ein Dach erfüllen?

Angesichts der steigenden Temperaturen müssen sich auch Dächer am Kampf gegen den Klimawandel beteiligen. Ganz im Geiste des technologischen Fortschritts verfügt dieses Gebäude über eine »Energiedecke«, wie SHoP Architects es nennt – eine Dachlandschaft, die dank vielfältiger innovativer Techniken Energie gewinnt und spart. Dazu gehören Sonnenkollektoren, ein System zum Sammeln und Wiederverwerten von Wasser sowie ausladende Überstände, um das Innere des Gebäudes zu beschatten. Die sich über gut 25 000 Quadratmeter erstreckende Forschungseinrichtung hat den Auftrag, Innovation und Unternehmertum in Botswana zu fördern. Sie beherbergt ein Rechenzentrum, Abteilungen für Konstruktionswesen und ein HIV-Forschungslabor, das von einem internationalen Konsortium betrieben wird.

Auch Gründerzentren brauchen Schatten.

Botswana Innovation Hub
Gaborone, Botswana

SHOP Architects

GESCHRUMPFT

Bis 2050 wird über 80 Prozent der Weltbevölkerung in Städten leben. Das bedeutet, dass dann jeder Quadratmeter zählt.

Blob VB3
Mechelen, Belgien

dmvA Architecten

Wie können wir kleiner denken?

Eine Polyesterhülle umschließt eine eiförmige multifunktionale Wohneinheit. Dazu gehören ein Bad, eine Küche sowie Nischen als Schlaf- und Stauraum. Öffnet man die Nase des Gebildes, verwandelt sich die Konstruktion in eine Veranda.

House NA
Tokio, Japan

Sou Fujimoto Architects

Inspiriert wurde dieses transparente 85-Quadratmeter-Haus von der Vorstellung, auf einem Baum zu wohnen. Es besitzt 21 Ebenen in unterschiedlichen Höhen auf unterschiedlichen Höhen, die den Bewohnern stete Abwechslung bieten.

Boxhome
Oslo, Norwegen

Rintala Eggertsson Architects

Dieses 19-Quadratmeter-Haus verfügt über vier Zimmer und kostete ein Viertel der Summe, die man für eine ähnlich große Wohnung in derselben Gegend aufbringen müsste.

Eine vom Versorgungsnetz abgekoppelte Fertigkabine bietet eine sichere Unterkunft in den 2700 informellen Siedlungen Südafrikas, wo Millionen Menschen unter unzulänglichen Bedingungen hausen.

Mamelodi POD, Wohneinheit
Pretoria, Südafrika

Architecture for a Change

Dieses Haus ist teils Kunstinstallation, teils Künstlerwohnung. An seiner engsten Stelle ist es 70 cm, an der breitesten 1,20 m breit.

Keret-Haus
Warschau, Polen

Jakub Szczęsny

Ein winziges Büro, das sich wie ein Rankenfußkrebs zwischen zwei größeren Gebäuden festklammert, lässt den Verkehr unter sich hindurchfließen.

Parasite Office
Moskau, Russland

za bor architects

Soziale Katalysatoren

Städte sind lebende Organismen – ohne die richtige Pflege welken und sterben sie. Architektur hat die Fähigkeit, Individuen in eine Gemeinschaft zu pflanzen und vergessenen Winkeln unserer urbanen Struktur neue Lebenskraft einzuhauchen. Gemeinden nutzen Architektur, um Territorien abzustecken und sich umeinander zu scharen. Als Katalysatoren dienen Jugendzentren, religiöse Gebäude, Bibliotheken oder sogar Bienenstöcke; ganz unabhängig von ihrer Nutzung ist Architektur jedoch ein wirksames Werkzeug, um Gemeinschaft zu fördern.

71 Würden Sie Ihre Kinder in einer Industriebrache spielen lassen?

Industriebrachen sind nicht unbedingt Bereiche, die bei Kommunen großen Gestaltungseifer wecken. Bei diesem Projekt machte man jedoch aus einer nicht mehr genutzten Industriefläche inklusive Lagerhaus einen öffentlichen Park und Aufführungsort mit einem Amphitheater, das sich wie eine Woge aus einem hölzernen Bohlenweg erhebt. Nun erfüllt diese wirtschaftlich krankende Eisenbahnstadt ein neuer Stolz, der nicht mehr auf der industriellen Bedeutung vergangener Tage beruht, sondern aus der Natur erwächst.

Landschaftsarchitektur macht Grün aus Grau.

Smith Creek Park
Clifton Forge,
Virginia, USA

design/buildLAB at
Virginia Tech

72 Kann man in Fäkalien schwimmen?

New York City ist von Wasser umgeben – doch darin möchte man nicht unbedingt baden. Die Stadt leitet ihre Abwässer bei jedem Regen in ihre Flüsse. Das wird sich bald ändern, und zwar aufgrund einer durch Crowdfunding finanzierten Initiative, die den weltweit ersten schwimmenden Swimmingpool zur Wasserfiltration bauen will. Dieser riesige Filter soll pro Tag fast zwei Millionen Liter Flusswasser aufbereiten und auf diese Weise die Flüsse nach und nach sauberer machen. Zugleich entsteht eine dringend benötigte Freizeitanlage, die die Einwohner wieder in Kontakt mit den städtischen Wasserflächen bringt.

Es ist deine Stadt. Du solltest sie nutzen können.

+POOL (Entwurf)
New York, New York, USA

Family und PlayLab

73 Können Honigbienen wieder Leben in brachliegende Flächen bringen?

Ein Bienenvolk, das sich in einem stillgelegten Gebäude angesiedelt hatte, musste umquartiert werden. Also konstruierte eine Gruppe ortsansässiger Architekturstudenten einen neuen Bienenstock in einem sechseinhalb Meter hohen, wabenförmigen Turm, den sie mit perforierten Stahlplatten vor Wind und Wetter schützten. Im Innern befindet sich eine Kiste aus Zypressenholz mit einem Glasboden, durch den Besucher die Bienen von unten bei der Arbeit beobachten können. Der neue Bienenstock ist für Kinder und Erwachsene gleichermaßen lehrreich – er verdeutlicht die ökonomische und ökologische Erneuerung in diesem Gebiet von Buffalo.

Brachliegende städtische Bereiche können sich in betriebsame, blühende Landschaften verwandeln.

Hive City: Elevator B
Buffalo, New York,
USA

University at Buffalo,
School of Architecture and Planning

74 Kann Architektur einen Stadtteil ernähren?

Auf dem Dach einer früheren Fabrik aus dem 20. Jahrhundert befindet sich ein Gemüsefeld von über 3500 Quadratmetern und ist damit der größte Dachgarten der Vereinigten Staaten. Als Teil einer lokalen gewinnorientierten Initiative, die sich über zwei Hausdächer in New York City erstreckt, produziert der Garten für die Anwohner über 50 000 Pfund biologische Erzeugnisse pro Jahr. Der Weg zu den Verbrauchern ist kurz, der Anbau erfolgt nach ökologischen Prinzipien, und man nutzt eine Konstruktion, die jahrzehntelang ungenutzt geblieben war.

Mach mit bei der Vom-Dach-in-den-Mund-Bewegung.

Brooklyn Grange
Queens, New York,
USA

Bromley Caldari
Architects

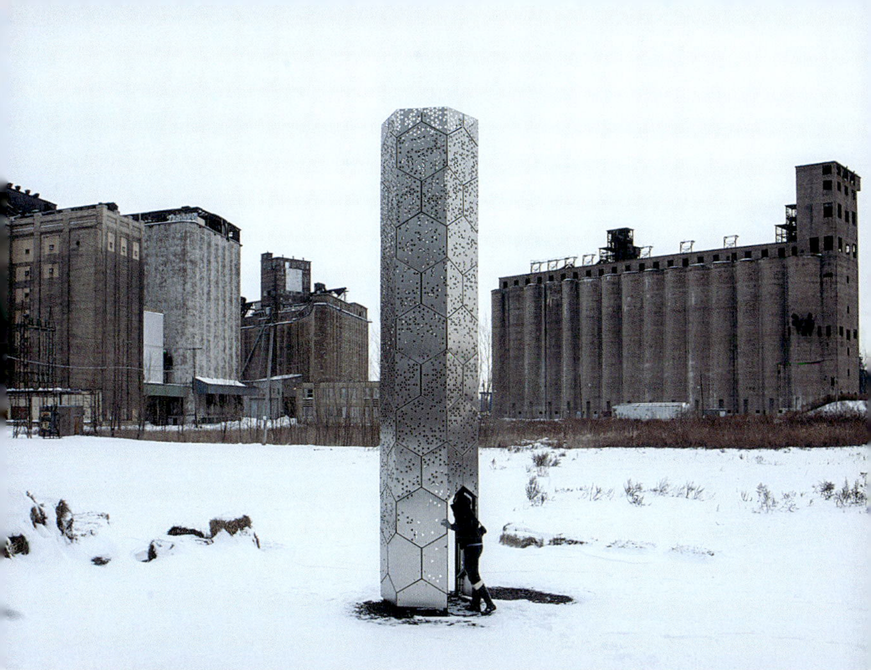

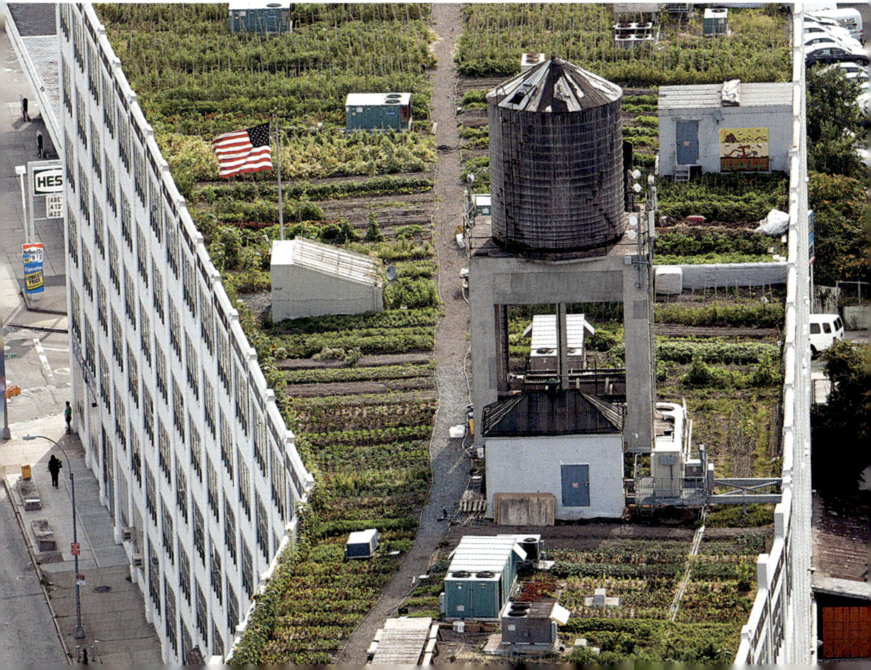

75 Kann Farbe eine Stadt vereinen?

Dieses öffentliche Kunstprojekt begann 2010 als Zusammenarbeit der niederländischen Künstler Jeroen Koolhaas und Dre Urhahn mit einem ortsansässigen Team in der Favela Santa Marta von Rio de Janeiro (Favelas sind brasilianische Armenviertel oder Slumstädte). Nachdem die Künstler das Viertel auf diese Weise in einen lebendigeren, attraktiveren

Ort verwandelt hatten, zogen sie mit ihrem Projekt in andere Regionen der Welt. Sie hauchten einem heruntergekommenen Stadtteil im Norden Philadelphias neues Leben ein und waren unter anderem in Gemeinden von Curaçao tätig, um vernachlässigten öffentlichen Bereichen zu positiver Aufmerksamkeit und wirtschaftlichen Impulsen zu verhelfen.

Ein paar Eimer Farbe können die Dinge zum Positiven wenden.

Favela Painting
Rio de Janeiro,
Brasilien

Haas & Hahn

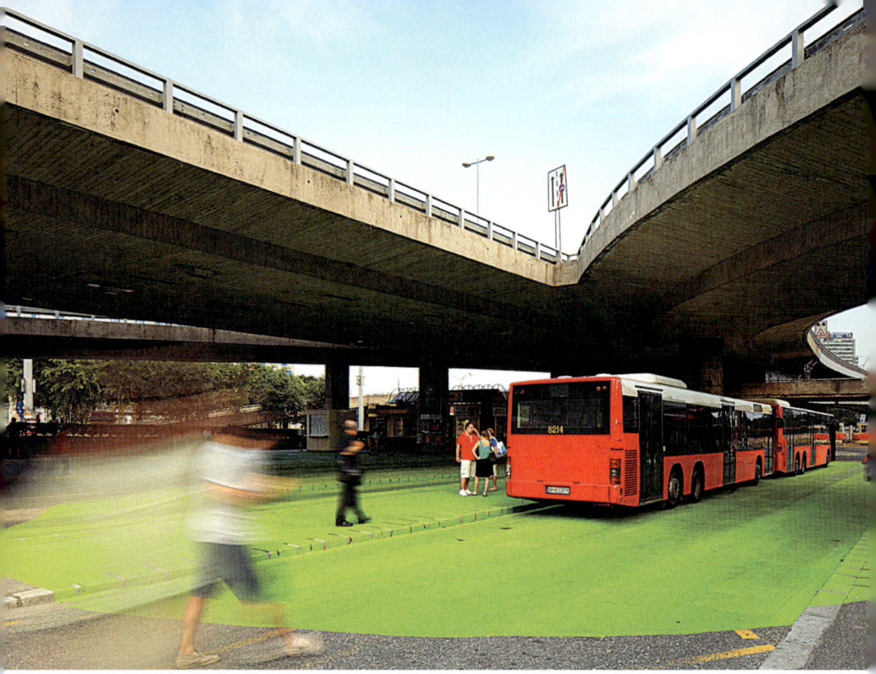
8214

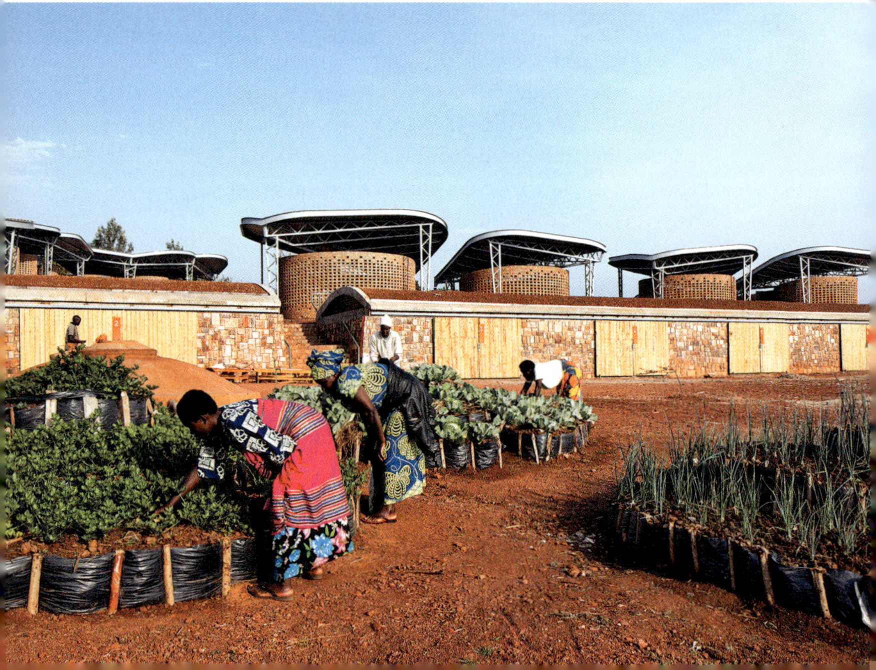

76 Kann Farbe den morgendlichen Pendelverkehr aufhellen?

Wenige Meter von einem der historischen Plätze Bratislavas entfernt, fristete ein spärlich beleuchteter Busbahnhof jahrelang ein Schattendasein. Um den Pendlern frische Energie zu spenden, brachten Architekten die Gemeinde dazu, 1000 Quadratmeter Asphalt mit grüner Straßenmarkierungsfarbe anzustreichen. Zwei Jahre später ergänzten sie die kostengünstige Gestaltungsaktion via Crowdsourcing durch eine Leuchteinheit, bei deren Installation 4000 Meter weißes Packband verwendet wurden. Das Ergebnis ist hell, freundlich und ein himmelweiter Unterschied zur früheren Trostlosigkeit des Terminals.

Busbahnhof unter der Brücke
Bratislava, Slowakei

Vallo Sadovsky Architects

Um die Stimmung zu heben, muss ein öffentlicher Platz nicht teuer sein – nur klug durchdacht.

77 Kann Design Frauen helfen aufzublühen?

Die gemeinnützige Organisation Women for Women International vermittelt Frauen, die Kriege erlebt haben, marktgerechte Fertigkeiten und hilft ihnen damit, neue Gemeinschaften aufzubauen. In Zusammenarbeit mit der Organisation schuf eine Designerin und Architektin ein Begegnungszentrum mit einem einladenden öffentlichen Platz – einem Treffpunkt, der die Kluft zwischen den Kunden aus der Stadt und den Bauern vom Land überbrücken soll. Die nachhaltigen Systeme der Einrichtung werden von den Frauen unterhalten, die in der näheren Umgebung leben. So wurde ein starkes lokales Netzwerk geschaffen, das auch in den nächsten Generationen das Gemeinschaftsgefühl fördern wird.

Women's Opportunity Center
Kayonza, Ruanda

Sharon Davis Design

Architektur hilft, unser Leben neu aufzubauen.

78 Kann die Oper einem Dorf neue Kräfte verleihen?

Im Jahr 2009 tat sich der burkinische Architekt Francis Kéré mit dem mittlerweile verstorbenen deutschen Film- und Theaterregisseur Christoph Schlingensief zusammen, um im ländlichen Laongo ein Opernhaus zu bauen. Die beiden begaben sich auf eine unglaubliche Reise, um die kulturelle Identität der Region zu stärken, die bereits als Zentrum des afrikanischen Films und Theaters galt. Das immer noch weiter wachsende Bildungszentrum »Operndorf Afrika« vereint Ortsansässige und regionales Baumaterial, um auf einem acht Hektar großen Gelände, zu dem bereits eine Grundschule für 500 Kinder und eine Krankenstation gehören, herrliche Musik erklingen zu lassen.

Operndorf Afrika
Laongo, Burkina Faso

Kéré Architecture

Eine kreative Gemeinde ist ihre eigene Oase.

79 Kann ein Gartenhaus eine Gemeinschaft unter einem Dach vereinen?

Ein bescheidenes Gartenhäuschen nimmt aberwitzige Formen an, um auf die danebenliegenden Schrebergärten möglichst keinen Schatten zu werfen. Das Gebäude aus schadstofffreiem Material bietet einen schattigen Treffpunkt, während die Verkleidung aus angekohltem Zedernholz nebenbei noch als Kreidetafel für Ankündigungen und Tipps dient. Das Fischgrätmuster der Holzlatten lässt gefiltertes Licht ins Innere fallen und fungiert zugleich als Rankgitter für je nach Jahreszeit wachsende Kletterpflanzen.

Architektur ist wie Gärtnern: Man erntet, was man sät.

Woodlands Community Garden Shed
Vancouver, Kanada

Brendan Callander, Jason Pielak und Stella Cheung-Boyland

80 Können kleine Wohnbereiche große Wohnbereiche werden?

Demographen sagen voraus, dass New York im Jahr 2040 mindestens 1 Million mehr Einwohner haben wird als heute. In vielen Fällen wird es sich um Ein- oder Zweipersonenhaushalte mit mittlerem Einkommen handeln, die keinerlei städtische Fördermittel oder Finanzierung zu erwarten haben. Mit finanzieller Unterstützung des Bürgermeisteramts hat sich der Wettbewerb adAPT NYC auf die Suche nach neuen Unterbringungsmöglichkeiten für die wachsende Stadtbevölkerung gemacht. Dieser preisgekrönte Entwurf präsentiert als Lösung stapelbare Wohnmodule, die 55 neue Mikrowohneinheiten von jeweils 23 Quadratmetern umfassen. Das Konzept lässt sich an viele verschiedene Standorte anpassen – so können Stadtentwickler die sich wandelnden Bedürfnisse der Einwohner im Gleichschritt mit dem Wachstum der Städte befriedigen.

Städte brauchen auch Wohnungen für Lehrerinnen und Krankenpfleger.

My Micro NY
(Sieger des Wettbewerbs adAPT NYC)
(Entwurf)

nARCHITECTS

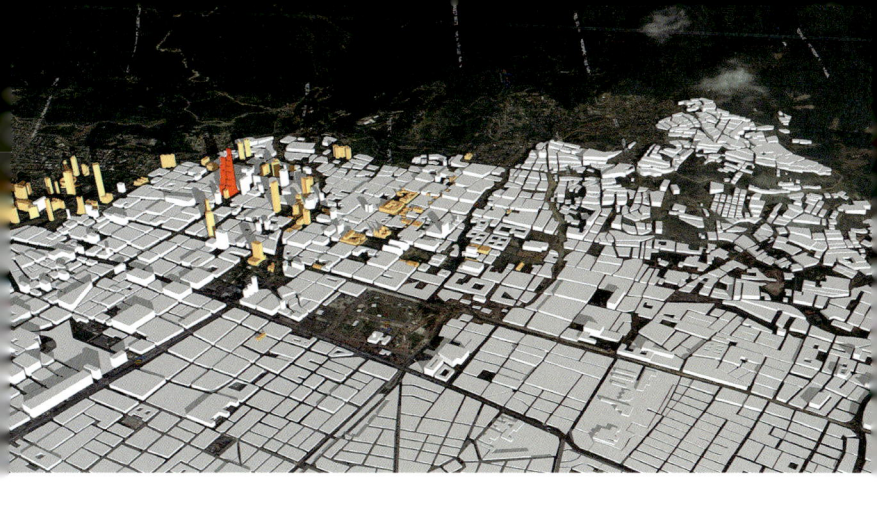

81 Lässt sich Architektur durch Crowdsourcing und Crowdfunding realisieren?

Mi Ciudad Ideal (»Meine ideale Stadt«) ist der Versuch, die Wünsche der Einwohner via Crowdsourcing in die zukünftige Gestaltung ihrer Stadt einzubeziehen und sie schließlich durch Crowdfunding zu finanzieren. Das Programm startete in Kolumbiens Hauptstadt Bogotá und kann dort bereits über 130 000 Teilnehmer verbuchen. Dieser neue »Bottom-up«-Ansatz bei der Städteplanung bietet sich in lateinamerikanischen Großstädten an, weil dort ein starker Zuwachs an Einwohnern aus der Mittelschicht innovative Lösungen erfordert. Das erste Beispiel dieser Bemühungen ist der Wolkenkratzer BD Bacatá, errichtet von Prodigy Network und gesponsert von BD Promotores, der den Weltrekord im Crowdfunding hält. Dies ist ein großer Schritt im Hinblick auf Bürgerbeteiligung und Investitionen in die fortschreitenden Bedürfnisse einer Großstadt.

130 000 Köpfe sind besser als einer.

Plan der Initiative Mi Ciudad Ideal zur Revitalisierung des Zentrums von Bogotá (Entwurf)
Bogotá, Kolumbien

Winka Dubbeldam, ARCHI-TECTONICS
Urheber und Leiter: Rodrigo Niño, Prodigy Network
Sponsor: Venerando Lamelas

82 Was passiert, wenn Architektur Tore erzielt?

In weniger als sechs Monaten schufen die Architekten dieses von Nike finanzierten Fußballtrainingszentrums einen Ort, wo 20 000 Fußballer aller Altersgruppen das ganze Jahr über spielen können. Als erste Anlage dieser Art in Afrika soll dieser Platz ein Gefühl von Offenheit vermitteln, obwohl Kriminalität in dieser Township von Johannesburg an der Tagesordnung ist. Trotz der Transparenz der Anlage können sich ihre Gäste dank unsichtbarer Sicherheitsvorkehrungen jederzeit geborgen fühlen. Das Zentrum hat begrenzte Zugänge; die hölzerne Lamellenfassade bildet an der Außenfront eine dichte Einfassung, während zur Innenseite der Anlage hin große Glasflächen den Blick auf das geschützte Spielfeld im Zentrum des Komplexes freigeben. Die Architekten beauftragten sogar den ortsansässigen Künstler Kronk, den Sicherheitszaun in ein standorttypisches Kunstwerk zu verwandeln und so seine eigentliche Bestimmung zu verbergen.

Football Training Centre
Soweto, Südafrika

Rural/Urban/Fantasy Project

Architektur sollte schützen und Steilvorlagen liefern.

83 Kann eine Bibliothek ein Leuchtturm sein?

Die neue Bibliothek von Alexandria steht etwa dort, wo sich vor 2300 Jahren auch die von Alexander dem Großen gegründete Bibliothek befand. Damit enden die Gemeinsamkeiten aber auch schon. Das Gebäude besteht aus einer riesigen abgeschrägten Scheibe mit einem Durchmesser von 160 Quadratmetern. Das Glasdach lässt gerade so viel Sonnenlicht einfallen, dass die Bücher geschützt und die Räume zugleich mit natürlichem Licht durchflutet werden. Wie viele andere moderne Bibliotheken beschränkt die Institution ihren Wirkungsbereich nicht auf Bücher (obwohl sie bis zu 8 Millionen Bücher beherbergen kann und sich des größten Lesesaals der Welt rühmt). Mit einem Planetarium, vier Museen, einem Institut für Informationswissenschaft und Restaurierungseinrichtungen spielt die Bibliothek eine neue, wichtigere Rolle als jemals zuvor.

Bibliotheca Alexandrina
Alexandria, Ägypten

Snøhetta

Ein neues Dach kann einer antiken Bibliothek neues Leben spenden.

84 Kann man in einem Parkhaus heiraten?

In den USA gibt es über 105 Millionen kommerzielle Parkplätze, und sie sind nicht ständig besetzt. Dieses Parkhaus in Miami Beach macht aus seinen 300 Stellplätzen eine öffentliche Einrichtung. Wenn sie leerstehen, werden sie umfunktioniert – dank besonders hoher Decken und atemberaubender Aussichten. Morgens kann man in dem Gebäude Yoga machen, abends lässt sich ein Stockwerk für besondere Ereignisse mieten.

1111 Lincoln Road
Miami Beach,
Florida, USA

Herzog & de Meuron

Ungenutzte Parkflächen schaffen eine großartige öffentliche Infrastruktur.

85 Hat eine Bibliothek im digitalen Zeitalter noch eine wichtige Funktion?

Beim Bau der Stadtbibliothek von Seattle bedachten die Architekten den Medienkonsum in unserem digitalen Zeitalter: Sie machten die Bibliothek zu einer gefragten öffentlichen Einrichtung, indem sie in ihr mehr als einen Bücherhort sahen. Alle Arten von Medien – neue und alte – sind hier vertreten. Sogar die Dewey-Dezimalklassifikation für die inhaltliche Erschließung von Bibliotheksbeständen wurde überarbeitet, um intuitiver und einladender zu wirken. Die Form des Gebäudes macht diese Neugestaltung unmittelbar erfahrbar.

Seattle Central
Library
Seattle, Washington,
USA

OMA + LMN

Bibliotheken haben noch eine Menge zu lernen.

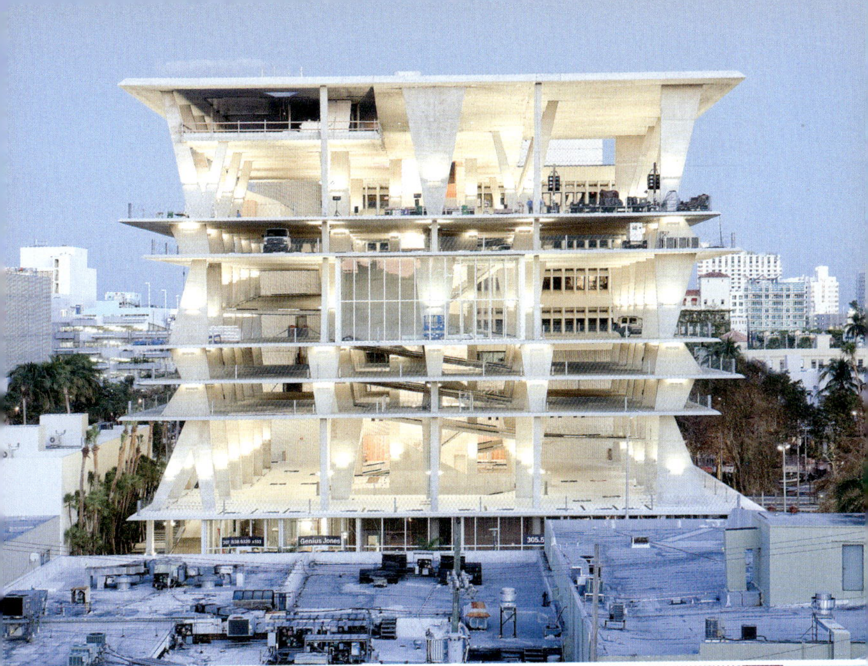
Genius Jones

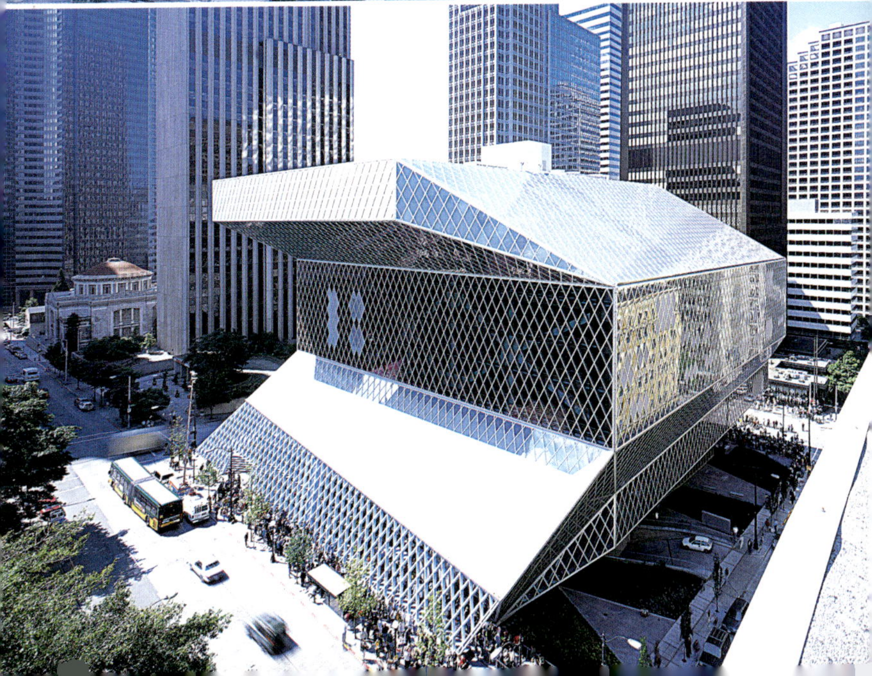

86 Kann man ein unterirdisches Sonnenbad nehmen?

Die High Line in Manhattan, eine zum Park ausgebaute Hochbahntrasse, hat bewiesen, dass eine Hochbahn ein zweites Dasein als pulsierende öffentliche Anlage führen kann. Nun möchte das Projekt The Lowline ein ungenutztes Straßenbahnterminal in ein unterirdisches Zentrum für ganzjährig stattfindende Events und Aktivitäten umgestalten. Mit hochmoderner Solartechnik und Reflektoren soll Sonnenlicht gebündelt und unter die Erde geleitet werden, um einen vormals unwirtlichen Ort in einen Lebensraum für Pflanzen und Menschen zu verwandeln.

In den Städten wird der Platz knapper und somit für uns kostbarer.

The Lowline (Entwurf)
New York, New York, USA

raad studio

87 Kann das Umlegen eines Schalters die Umgebung mit Leben erfüllen?

Dieses leichte und schlanke Gebäude an der Universität Paris-Diderot erhebt sich direkt neben einem massigen akademischen Bauwerk. Der neue Bau blickt auf einen öffentlichen Platz und bildet mit seiner scheinbaren Schwerelosigkeit einen strahlenden Kontrapunkt zu seinem alten Nachbarn. Das offene Erdgeschoss lädt Besucher zum Hereinkommen ein, und des Nachts wandelt sich das Gebäude zu einem den Platz beherrschenden Wahrzeichen der Universität.

Gegensätze ziehen sich an.

M3A2 Tour associative et culturelle
Paris, Frankreich

Antonini Darmon Architectes

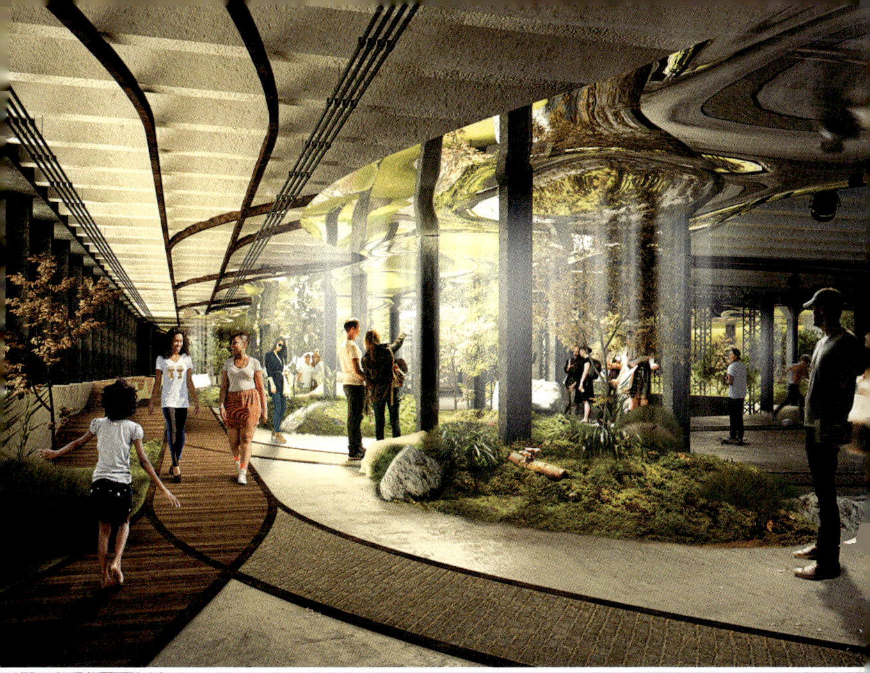

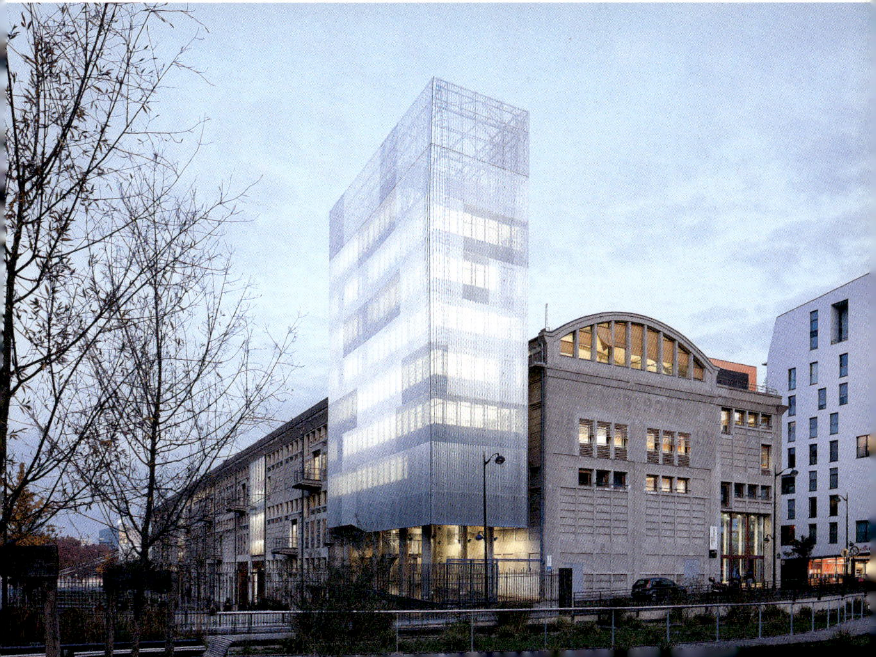

Zukunftsmusik

Wir haben gelernt, von Bauwerken immer wieder dasselbe zu erwarten: reglose Kästen aus Beton, Stahl und Glas. Doch schon in naher Zukunft werden sich Gebäude von allem, was wir heute kennen, dramatisch unterscheiden. Dieser Wandel beginnt mit dem Einfluss der Technologie auf die Baumaterialien, denn die Bauweise bestimmt, was wir bauen. Von Häusern, die im 3-D-Druckverfahren entstehen, bis zu Pilzziegeln lassen die aufkommenden Technologien Hammer und Nägel hinter sich, um neue Arten der Konstruktion zu entdecken.

88 Kann ein Gebäude die Luft reinigen?

Willkommen im Zeitalter der smogfressenden Architektur! Ein 13 000-Quadratmeter-Gebäude, das bei der Expo 2015 in Mailand sein Debüt feiern soll, wird der Stadt als Luftreiniger dienen. Seine Betonfassade absorbiert Luftschadstoffe und wandelt sie in harmlose Salze um, die vom Regen fortgespült werden.

Padiglione Italia
Mailand, Italien

Nemesi & Partners

Architektur lässt uns freier atmen.

89 Kann man ein Haus drucken?

Das 4-D Print Canal House ist Ausstellungsort und Experimentierfeld zugleich. Hier ersteht das typische niederländische Kanalhaus neu als 4-D-Druck-Heim des 21. Jahrhunderts. Beim Konstruktionsprozess werden digitale Dateien mit Hilfe des KamerMakers, der Maxiversion eines Tischdruckers, in physikalische Bausteine konvertiert. Auf diese Weise können die Designer detaillierte Elemente im Stil der Region entwerfen. Das Haus wird vor Ort erstellt – es entstehen also kaum Transportkosten für das Material und die lokale Produktion wird gefördert. Das heißt, dass sich die Suche nach kostengünstigen Baustoffen in weiter entfernten Orten für die Städte vielleicht erübrigt, wenn sich die 4-D-Drucktechnik lokal etabliert.

4-D-Print Canal House (Entwurf)
Amsterdam, Niederlande

DUS Architects

Wissen ist Machen.

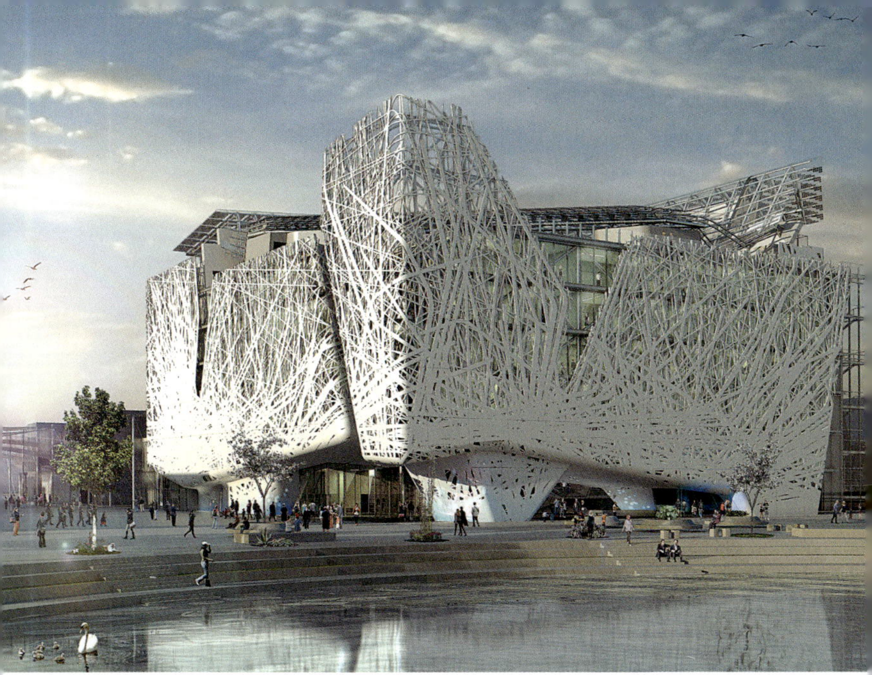

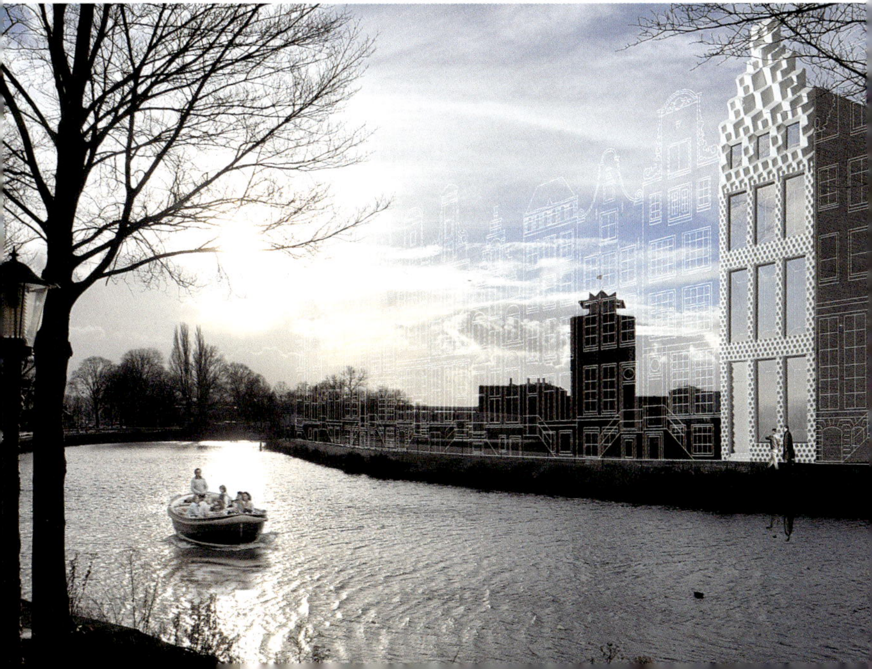

90 Können Pilze Steine ersetzen?

Diese Steine bestehen aus Pilzen. Aus Pilzen! Die »Bioziegel« wurden aus Getreidehülsen und -halmen mit Pilzzellen in quaderförmigen Schalen gezüchtet. Die mit Spiegelfolie beschichteten Elemente, die um die Oberkanten der Röhren angebracht sind, reflektieren Tageslicht ins Innere der Konstruktion und auf die umgebende Fläche. Auch die Gesamtform des Turms ist effizient, denn sie wirkt kühlend, weil warme Luft nach oben entweichen kann. Im Unterschied zu den energieverschlingenden Wolkenkratzern in New Yorks Skyline bietet Hy-Fi Denkanstöße für die Zukunft. Hoffentlich mögen Sie Pilze!

Wir lassen die Zukunft wachsen.

Hy-Fi (2014 Sieger des MoMAPS1 Young Architects Program)
Queens, New York, USA

The Living

91 Können Raupen Bauarbeiter ersetzen?

Seide scheint nicht gerade das robusteste Baumaterial zu sein. Dennoch griff eine Forschergruppe am MIT auf 6500 lebende Seidenraupen zurück, um eine Struktur zu errichten, die Natur und Technik auf eine völlig neue Art miteinander verbindet. Die Wissenschaftler programmierten einen Roboterarm, der kreuz und quer über ein Metallgerüst ein Geflecht aus Fäden webte, an dem sich die Seidenraupen orientieren konnten. Als man die Raupen auf dem Gerüst aussetzte, produzierten sie je nach Lichteinfall, Wärmezufuhr und der Beschaffenheit des Geflechts Muster aus Seidenfäden. Die daraus entstandene Kuppel könnte Forscher dazu inspirieren, Gewebe aus Kunstfasern zu entwerfen und herzustellen, die vorher niemandem in den Sinn gekommen wären.

Architektur kann die wunderbare Effizienz der Natur imitieren.

Silk Pavilion
Cambridge,
Massachusetts,
USA

MIT Media Lab
Mediated Matter
Group

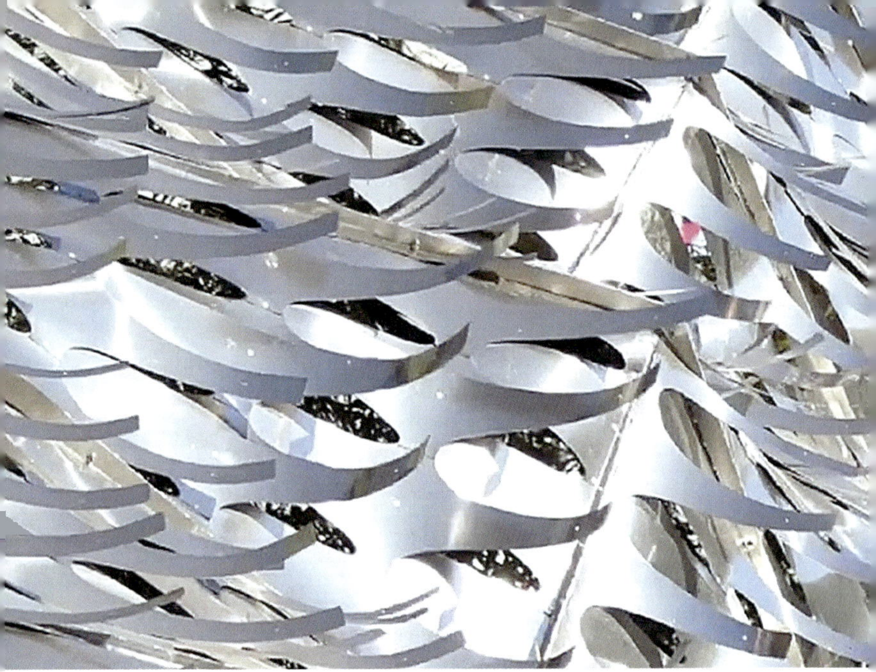

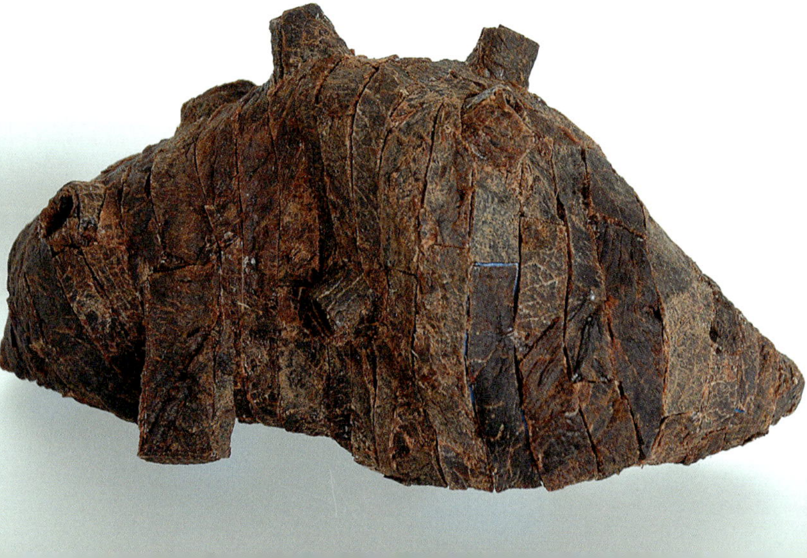

92 Kann Metall atmen?

Das Äußere eines Gebäudes, seine Haut, sollte der menschlichen Haut ähnlicher sein – dynamisch und auf Umwelteinflüsse reagierend. Diese Idee verbirgt sich hinter intelligentem Thermo-Bimetall. Weil dieses experimentelle Baumaterial aus zwei Streifen verschiedener Metalle besteht, die sich bei Wärme unterschiedlich verhalten und dadurch verbiegen, benötigt es keine Steuerung oder Energie, um auf Temperaturänderungen zu reagieren. Dank seiner Reaktionsfähigkeit sorgt es an heißen Tagen für Ventilation und zugleich für Schatten.

Bloom (Entwurf)

Doris Kim Sung

Menschen atmen – das sollten auch unsere Gebäude tun.

93 Können Häuser aus Fleisch bestehen?

Irgendwann werden wir in einem Schwein wohnen können – gewissermaßen. Bei der Errichtung von Meat Habitat kommen jedoch keine Tiere zu Schaden. Es handelt sich vielmehr um ein maßstabsgetreues Hausmodell aus Fleischzellen, die im Labor gezüchtet wurden. Das Konzept zielt darauf ab, traditionelle Baumaterialien durch Schweinezellen zu ersetzen, aus denen mittels 3-D-Druck Bauwerke in voller Größe entstehen. Auch um die Konservierung muss man sich keine Sorgen machen. Der Haut wird Natriumbenzoat zugefügt, das Bakterien und Pilze in ihrem Wachstum hemmt – damit hat sie eine längere Lebenszeit als ein Yes-Törtchen in seiner Plastik-Verpackung.

In Vitro Meat Habitat (Entwurf)

Mitchell Joachim bei Terreform One

Wir könnten unsere Häuser kultivieren, indem wir ihr Material überdenken.

94 Können Bakterien unsere Architekten sein?

Eine 6000 Kilometer lange bewohnbare Wand in der Sahara wird nicht gebaut – sie wächst, mit Hilfe von Bakterien, die Sand in Sandstein verwandeln. Dies ist das Konzept hinter Dune, einer natürlich erzeugten Sandstruktur, die auf einer biologischen Reaktion beruht: Der Sandstein entsteht durch Zutun von *Bacillus pasteurii*, einem bakteriellen Mikroorganismus, der in Sumpf- und Feuchtgebieten vorkommt. In der Wüste könnten die Bakterien vielleicht in weniger als einer Woche eine stabile und bewohnbare Struktur erzeugen, die – als natürliche Wand – die weitere Ausbreitung der Wüste verhindert und neue Möglichkeiten für schnell verfügbare Notunterkünfte eröffnet.

Die Wüste lebt.

Dune (Entwurf)
Sahara, Nordafrika

Magnus Larsson

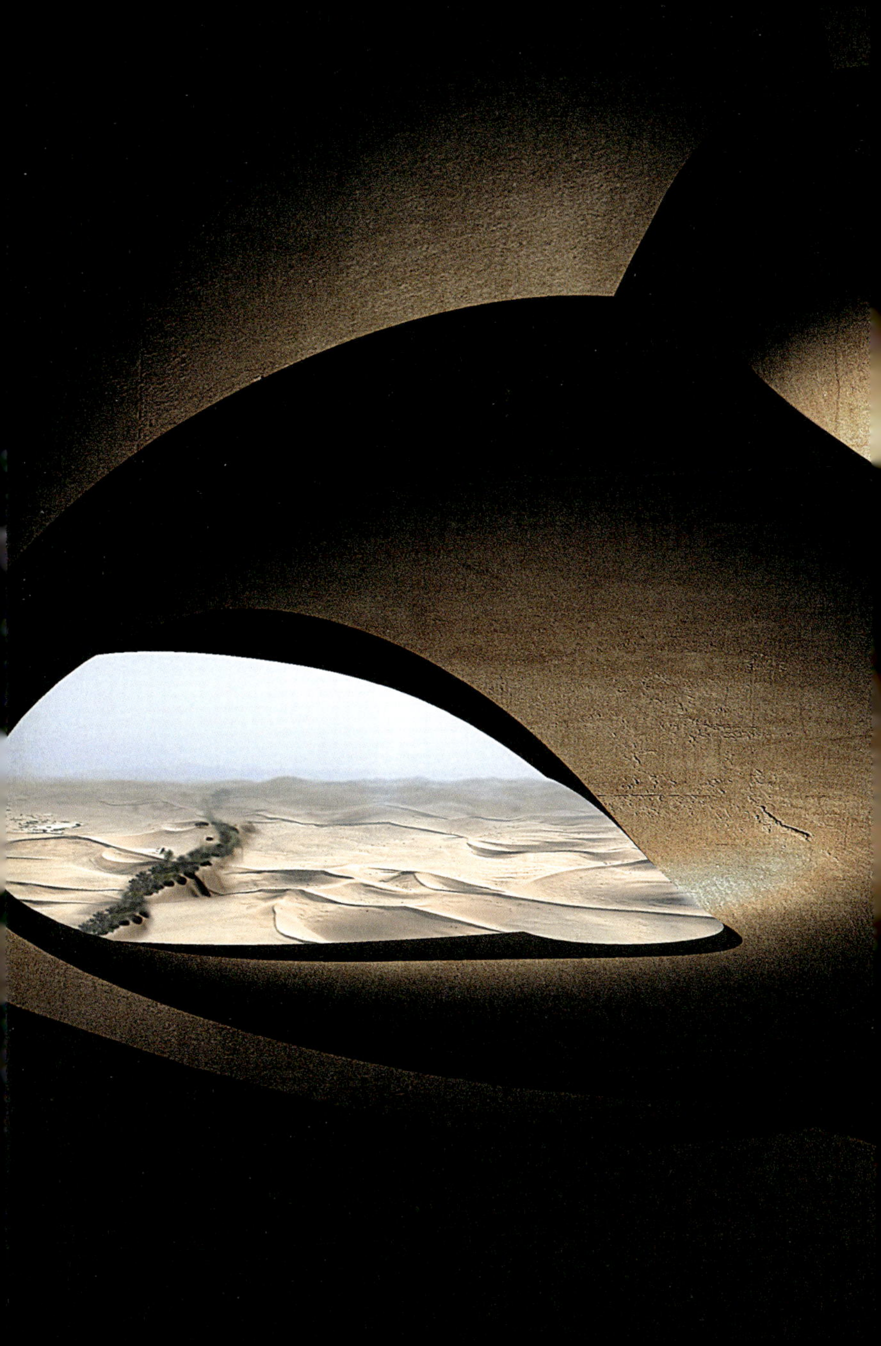

95 Kann Architektur wiki gehen?

WikiHouse ist ein kleines Experiment mit einer großen Idee: Dass normale Menschen (sprich keine Architekten) mit minimalem Aufwand an Ressourcen und Ausbildung irgendwo ein Haus bauen können. Mit dem Open-Source-Konstruktionssystem kann jeder in kürzester Zeit Häuser entwerfen, sharen, downloaden und (mit einer CNC-Maschine) »drucken«. Als Material dienen Platten, etwa aus Sperrholz, die wenig kosten, sich aber an die jeweiligen Bedürfnisse anpassen lassen. Das Projekt wird stetig weiterentwickelt; in der Planung sind Unterkünfte, die nach einem Erdbeben bezogen werden können, und eine Fabrik in einer Favela von Rio de Janeiro.

Design für alle.

WikiHouse (Entwurf)

Alastair Parvin

96 Kann ein Gebäude Reflexe haben?

Das aufsehenerregende Media-TIC-Gebäude dient als gemeinschaftlich genutzter Ort für die Entwicklung neuer Technologien. Die Außenhülle mit einer transluzenten Haut aus aufblasbaren, die Temperatur regulierenden Kissen ist bereits ein gutes Beispiel für dieses Ziel. Sensoren regeln die Luftverteilung in den Kissen, um an heißen Tagen den Durchlass von UV-Licht zu blockieren und die Kühlungskosten zu senken oder bei bedecktem Himmel für mehr Lichteinfall zu sorgen.

Mit Architektur aus Luft bleiben wir cool.

Media-TIC
Barcelona, Spanien

Enric Ruiz-Geli/
Cloud 9

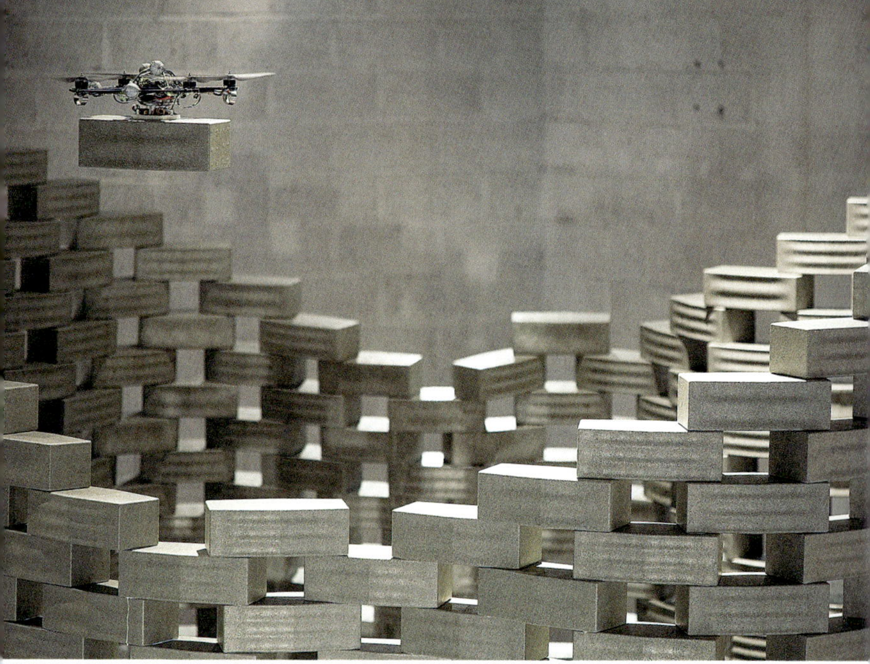

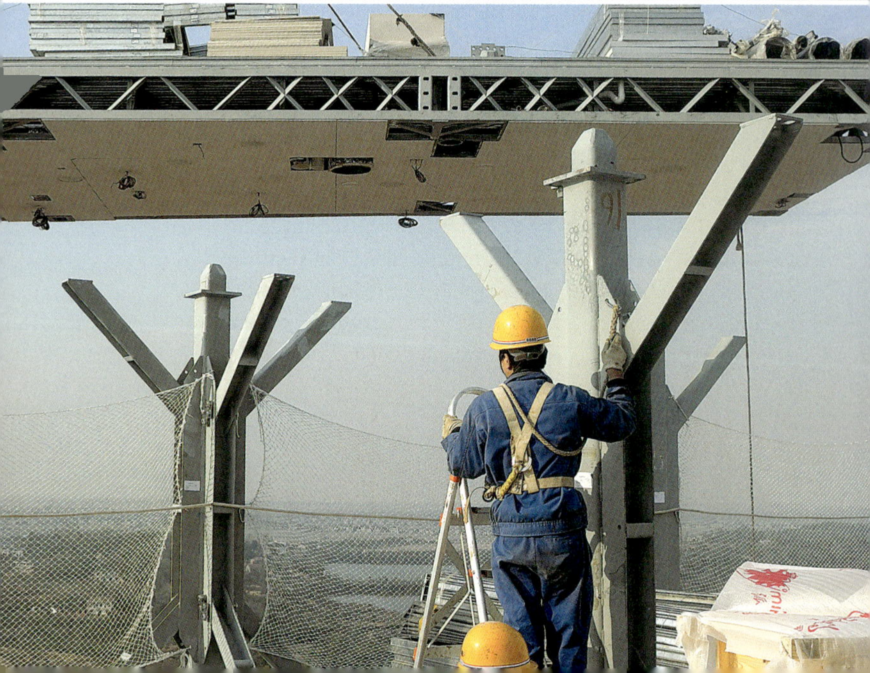

97 Was wäre, wenn Drohnen nicht Waffen, sondern Bausteine transportierten?

Flight Assembled Architecture ist eine Installation, die von fliegenden Robotern erbaut wurde. Zur Errichtung der sechs Meter hohen Struktur transportierten mehrere Vierblatt-Helikopter 1500 Hartschaumsteine und platzierten sie gemäß digitalen Konstruktionsdaten, die ihr Flugverhalten dynamisch steuerten. Dieser visionäre architektonische Ansatz entspringt der Zusammenarbeit der Architekten Gramazio & Kohler mit dem Erfinder Raffaello D'Andrea. Sie gehören zu einer neuen Generation von Architekten, die die Grenzen digitalen Designs und digitaler Produktion ausloten wollen.

Keine Baukräne. Keine Leitern. Keine Grenzen.

Flight Assembled Architecture (Entwurf)
Orléans, Frankreich

Gramazio & Kohler und Raffaello D'Andrea

98 Lässt sich ein Wolkenkratzer an einem Tag erbauen?

Früher brauchte man Jahre zum Bau eines Wolkenkratzers. Eine Firmengruppe in China hat hier jedoch neue Maßstäbe gesetzt: In sechs Tagen errichtete sie ein Hotel mit 15 Stockwerken und danach ein Hotel mit 30 Stockwerken in gut zwei Wochen. Das Geheimnis lautet Vorfertigung. Umfangreiche Elemente des Bauwerks wurden in einer Fabrik zusammengesetzt, weswegen es auf der Baustelle keine Bauabfälle und keine Zeitverzögerung gab. Laut der China Academy of Building Research ist der Turm fünfmal so erdbebensicher wie ein entsprechendes Gebäude, das in traditioneller Bauweise errichtet wurde.

Was im Handumdrehen erbaut wird, sollte dennoch die Zeiten überdauern.

T30 Hotel
Provinz Hunan, China

Broad Group

99 Können Wolkenkratzer aus Holz bestehen?

Die Idee, einen Wolkenkratzer aus Holz zu bauen, ruft skeptische Mienen und viele Fragen hervor: Ist er erdbebensicher? Was, wenn er Feuer fängt? Doch dieser Sieger eines Designwettbewerbs präsentiert sich als Modell eines hölzernen Wolkenkratzers mit 34 Stockwerken, der Wohntürmen aus Stahl oder Beton sicherheitstechnisch ebenbürtig ist und zudem mit weniger Bauschutt und einer besseren Akustik als herkömmliche Hochhäuser punktet. Die Idee ist keineswegs rein spekulativ: Schwedens größte Wohnungsbaugesellschaft plant, den Wohnturm bis 2023 fertigzustellen.

Neue Ideen können auf Bäumen wachsen.

Sieger des Wettbewerbs der HSB Stockholm (Entwurf) Stockholm, Schweden

Berg | C. F. Møller und DinellJohansson

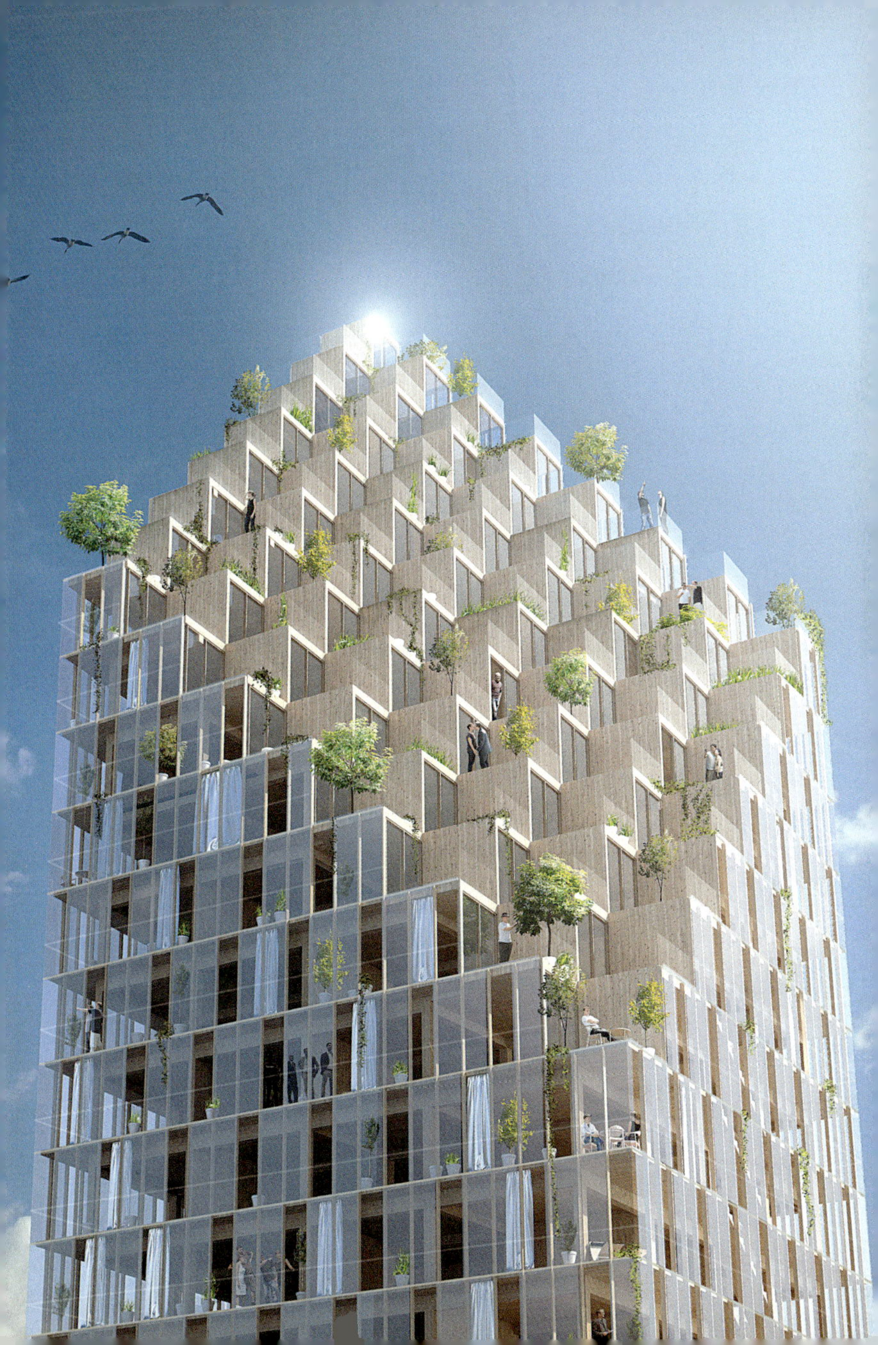

100   Würden Sie Ihr Haus von einer Kuh bauen lassen?

Um diese experimentelle Struktur mit dem passenden Namen The Truffle (»Der Trüffel«) zu errichten, grub eine Gruppe von Architekten ein Loch, stopfte es mit Heu aus und goss Beton darüber. Als der Beton ausgehärtet war, trottete ein Kalb namens Paulina herbei, fraß im Laufe eines Jahres das Heu und schuf dadurch eine Höhle – am Ende blieben nur die Kratzer und Abdrücke, die beim Erstellen des Bauwerks entstanden waren. Es ist ein wunderbar hässliches kleines Gebäude, das sich als großartiger Ort zum Bewundern eines spanischen Sonnenuntergangs entpuppt. Darüber hinaus vereinen sich hier die wichtigsten Grundsätze der Architektur der Zukunft: Vertrauen in bekannte Techniken, vorausschauendes Umweltbewusstsein, Verrücktheit und brillante Schlichtheit. Muh.

The Truffle
Laxe, Spanien

Ensamble Studio

Die Zukunft der Architektur wird Sie überraschen.

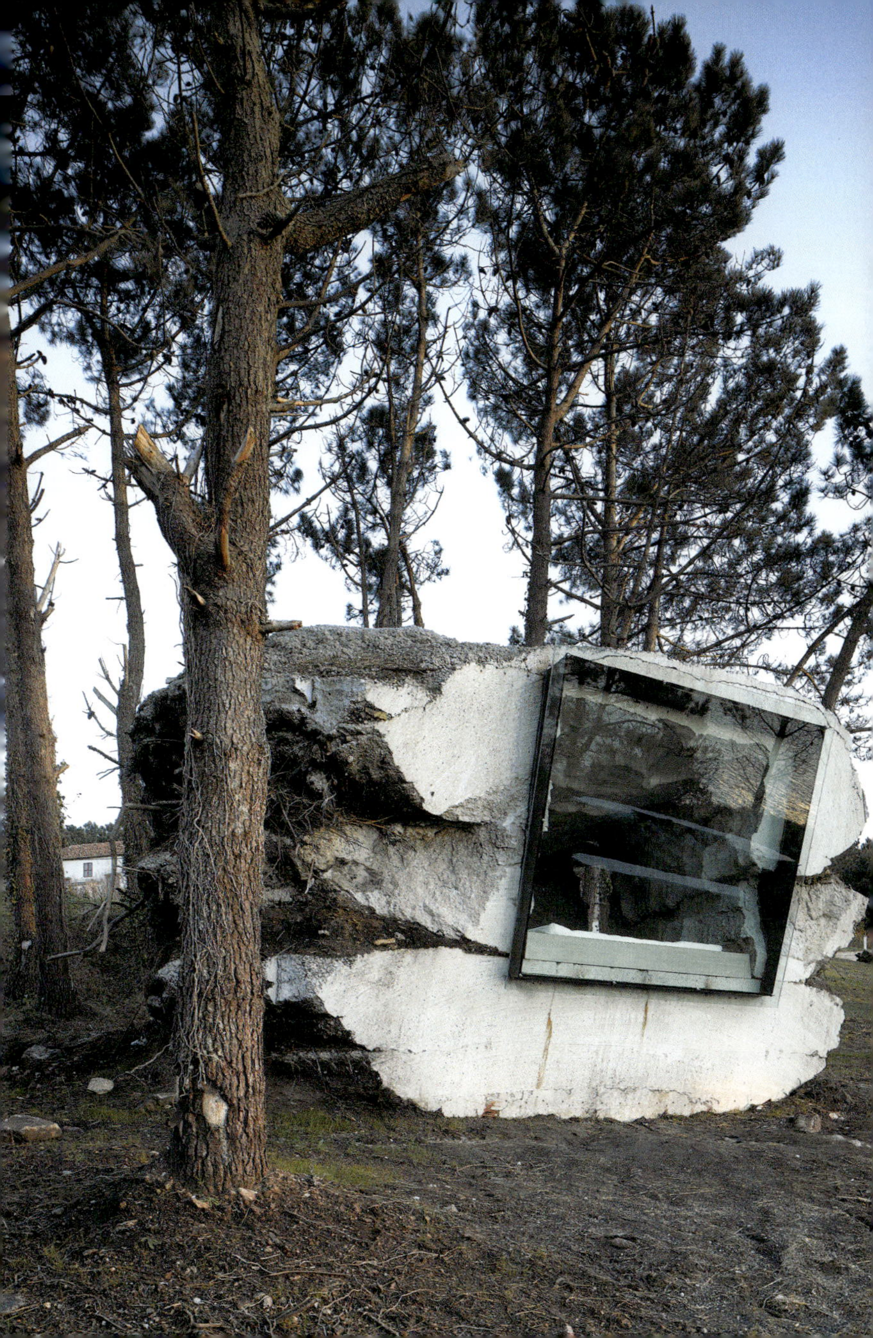

Die Rundreise durch diese 100 Bauwerke hat hoffentlich illustriert, dass es für die Zukunft der Architektur kein perfektes Universalrezept gibt. Auf der ganzen Welt arbeiten Architekten gemeinsam mit ihren Auftraggebern und versierten Handwerkern engagiert an Entwürfen für unverwechselbare Gebäude, die den sich wandelnden Umweltbedingungen und gesellschaftlichen Bedürfnissen angepasst sind. Auf ihrem unaufhaltsamen Weg in die unbekannte Zukunft loten diese Menschen die Grenzen aus. Und sie brauchen Ihre Hilfe.

Seien Sie kein Zaungast, der Architektur einfach nur als gegeben hinnimmt. Suchen Sie einen Architekten auf. Machen Sie sich mit den neuesten architektonischen Ideen vertraut. Führen Sie Gespräche mit den Menschen, die die Orte gestalten, an denen Sie Ihr Leben verbringen. Sprechen Sie mit Ihren Nachbarn, Kollegen, Freunden und Angehörigen und bestehen Sie alle miteinander auf guter Architektur.

Denken Sie daran: Architektur verkörpert nicht einfach nur Ihr Umfeld – sie formt die Gesellschaft, in der Sie leben. Wenn Sie von Architektur erwarten, dass sie etwas für Sie leistet und die Bedürfnisse Ihres persönlichen Umfelds und des Planeten Erde berücksichtigt, werden Sie erstaunt sein über die Möglichkeiten, die die Architektur für jeden Aspekt Ihres Lebens bereithält.

Frohes Bauen!

Fotonachweis

1. Anthony Dubber und James Morris
2. Marc Lins Photography
3. diephotodesigner, Reiulf Ramstad Arkitekter
4. diephotodesigner, mit freundlicher Genehmigung von Snøhetta
5. Iwan Baan
6. Minarc (Tryggvi Thorsteinsson, Erla Dogg Ingjaldsdóttir)
7. Luis Garcia
8. Mika Huisman
9. Roland Halbe
10. Foster + Partners/ESA
11. Roos Aldershoff Fotografie
12. Lv Hengzhong
13. Jeff Goldberg/Esto
14. Peter Clarke
15. Morris Adjmi Architects
16. Heatherwick Studio
17. Johannes Arlt, laif/Redux
18. Roland Halbe
19. Brenchley Architects/ Elizabeth Allnut Photography
20. Fernando Alda, David Franck
21. Tamás Bujnovszky
22. LOT-EK
23. Bernardes + Jacobsen
24. Iwan Baan
25. A2arquitectos
26. Ricardo Oliveira Alves
27. Thomas Ibsen
28. Reversible Destiny Foundation
29. Turner Brooks Architect
30. Jan Glasmeier
31. Fernando Guerra FG+SG

POP-UP

BVLGARI Abu Dhabi Art Pavilion
NANA

PDU (Portable Dining Unit)
Cesar Rubio, mit freundlicher Genehmigung von EDG Interior Architecture + Design

Floatastic
Net Martin Studio, B. Lapolla & Mahdi Alibakhshian

Head in the Clouds
Chuck Choi

Drift Pavilion für Design Miami 2012
Markus Haugg

32. Marcus Buck
33. Lucerne Festival Ark Nova 2013
34. Hufton + Crow
35. Robert Polidori
36. Iwan Baan
37. Duccio Malagamba
38. links: Imre Solt, rechts: Torsten Seidel
39. Craft Arquitectos
40. Rafael Gamo
41. Marco Boella, mit freundlicher Genehmigung von JDS Architects
42. Nikolaos Zachariadis und SPLITTERWERK
43. Timothy Hursley
44. Studio Guilherme Torres
45. Iwan Baan
46. Scagliola Brakkee
47. BIG – Bjarke Ingels Group
48. Nic Lehouxuand Gunnar V. Andersson/ Fréttablaðið
49. Filip Dujardin
50. CC-BY Verd gris

51 Steve Hall, Hedrich Blessing
52 Leonardo Finotti

DRIVE

GAS – Tankstelle
Tomas Soucek

Parkhaus für die Tiroler Festspiele Erl
Günter Richard Wett

Fassade eines mehrstöckigen Parkhauses
Darko Hristov, mit freundlicher Genehmigung von PPAG architects

Helios House
Eric Staudenmaier

Tankstelle und McDonald's
Giorgi Khmaladze

53 Benjamin Benschneider
54 Jan Kudej
55 Åke E:son Lindman
56 Johan Dehlin/6A Architects
57 Vo Trong Nghia Architects
58 Obie Oberholzer
59 MVRDV und Living Architecture
60 Albert Večerka/Esto
61 Patrick Blanc
62 HWKN
63 Simon Devitt
64 Shigeru Ban
65 Brigida González
66 Michael Moran/OTTO
67 Albert Večerka/Esto
68 Crop Trust/ Mari Tefre
69 The BIG Team
70 SHoP Architects

GESCHRUMPFT

blob VB3
Frederik Vercruysse

House NA
Iwan Baan, mit freundlicher Genehmigung von Sou Fujimoto

Boxhome
Sami Rintala

Mamelodi POD, Wohneinheit
Architecture for a Change

Keret-Haus
Polish Modern Art Foundation

Parasite Office
Za Bor Architects

71 Jeff Goldberg/Esto
72 +POOL
73 Hive City
74 Alex MacLean
75 Haas&Hahn
76 Pato Safko
77 Elizabeth Felicella, mit freundlicher Genehmigung von Sharon Davis Design
78 Kéré Architecture
79 Dave Delnea Images
80 MIR
81 Archi-Tectonics
82 Wieland Gleich
83 Snøhetta
84 Iwan Baan
85 Ramon Prat
86 Rendering von Kibum Park, Foto von Cameron Neilson
87 Luc Boegly
88 Nemesi & Partners
89 DUS Architects
90 Barkow Photo
91 MIT Media Lab Mediated Matter Group
92 Brandon Shigeta
93 Mitchell Joachim, Eric Tan, Oliver Medvedik, Maria Aiolova
94 Ordinary Ltd (Magnus Larsson & Alex Kaiser)
95 CC By Lynton Pepper
96 Luis Ros
97 Gramazio & Kohler und Raffaello D'Andrea in Zusammenarbeit mit der ETH Zürich
98 BROAD Group
99 C. F. Møller Architects & Dinell Johansson
100 Roland Halbe

Dank

Dieses Buch wäre nicht entstanden ohne die unglaubliche Arbeit von Jennifer Krichels, die die ganze Zeit über, von Gebäude 1 bis 100, ein Lächeln auf dem Gesicht hatte. Besonderer Dank gilt Matthias Hollwich sowie den Teams von TED und Architizer, vor allem Catherine Finsness, Siddharth Saxena und Luna Bernfest. Chris Barley ist der geduldigste Sprechtrainer der Welt – ohne seine Unterstützung wäre nichts von all dem hier möglich gewesen. Danke auch den Fotografen, die diese erstaunlichen Bauwerke eingefangen haben. Und schließlich danke ich den Architekten und ihren Auftraggebern für das Entwerfen und Errichten all dieser großartigen Gebäude.

Der 18-minütige Vortrag von Marc Kushner auf einer TED-Konferenz 2014 bildet die Grundlage für dieses Buch.

https://www.ted.com/talks/marc_kushner_why_the_buildings_of_the_future_will_be_shaped_by_you

Foto: Marc Kushner

Kleine Bücher – große Ideen!

Im Fischer Taschenbuch Verlag erscheinen ausgewählte und erweiterte TED-Beiträge:

- Eine Vielfalt an aktuellen Themen und spannenden Thesen
- Kurze Lektüre mit langer Wirkung
- Ideen für Enthusiasten

Jedes Buch basiert auf einem TED Talk, der unter ted.com zugänglich ist. Die Bücher knüpfen da an, wo der TED Talk endet. Sie geben Antworten auf die Fragen, die beim TED Talk entstehen.

TED steht für Technology, Entertainment, Design – was mit einer Konferenz in Kalifornien begann, hat sich längst als globale Ideenfabrik etabliert.

TED gibt hochkarätigen Rednern aus der ganzen Welt die Chance, ihre Ideen in 18 Minuten weltweit vorzustellen.

TED organisiert über 400 Veranstaltungen in über 160 Ländern und stellt die besten Beiträge seiner Redner ins Netz, wo sie jährlich mehr als eine Milliarde Mal abgerufen werden.

※ | FISCHER   **TED**Books

Weitere Informationen finden Sie auf www.fischerverlage.de/tedbooks